少年读王阳明

孙永娟 著

台海出版社

图书在版编目（CIP）数据

少年读王阳明 / 孙永娟著 . -- 北京：台海出版社，
2023.10（2023.12重印）

ISBN 978-7-5168-3729-0

Ⅰ . ①少… Ⅱ . ①孙… Ⅲ . ①王守仁 (1472-1528) —
传记－少年读物 Ⅳ . ① B248.2-49

中国国家版本馆 CIP 数据核字 (2023) 第 204413 号

少年读王阳明

著　　者：孙永娟

出 版 人：蔡　旭
责任编辑：王　艳

出版发行：台海出版社
地　　址：北京市东城区景山东街20号　邮政编码：100009
电　　话：010-64041652（发行，邮购）
传　　真：010-84045799（总编室）
网　　址：www.taimeng.org.cn/thcbs/default.htm
E-mail：thcbs@126.com

经　　销：全国各地新华书店
印　　刷：天津嘉恒印务有限公司
本书如有破损、缺页、装订错误，请与本社联系调换

开　　本：710毫米 ×1000毫米　　1/16
字　　数：180千字　　　　　　　印　　张：16
版　　次：2023年10月第1版　　印　　次：2023年12月第2次印刷
书　　号：ISBN 978-7-5168-3729-0

定　　价：58.00元

少年朋友们，当翻开这本书的时候，你即将拥有神奇的力量，打破时空，与中国古代文化第一流人物开启思想碰撞之旅。

曾国藩评价他"开出新风气，功不在禹下"。

梁启超称他为"百世之师"。

这个人就是震古烁今的王守仁，字伯安，号阳明（1472—1529 年）。

王阳明的闻名不仅因他战功赫赫，还因他至高的精神境界。他的精神世界让人心生敬仰，他的心学被广泛传承和发展。对他的赞美，五百多年来，从未停息。王阳明能够超越前人，是因为很多人博学就不能专精，或者专精就不能博学，而他却是既博学又专精。

王阳明的成长离不开他的家乡余姚（yáo）。明代，余姚人以喜好读书而闻名，余姚是明代科举第一县，明代开科考试共八十九次，余姚进士总数达三百八十八人。这样的一方水土、一方好学之地熏染了王阳明。

王阳明的家族也很独特。从王阳明六世祖王纲开始，王家人共有的精神特质就是独立不移、秉持良心、心存仁爱。王阳明原本是书生，最喜欢的就是在清静的地方教书、讲学。后来他担负朝廷的重托，半生三次征战，立下举世无双的大功，为家国与苍生殚（dān）精竭虑、鞠躬尽瘁（cuì），但却颠沛流离，备受诟（gòu）辱。这样的巨大落差，是当时是非混淆（xiáo）、黑白颠倒、曲直倒置的朝廷导致的。王阳明在这样的幽暗之境，历经种种磨难，却气象开阔、内心皎洁、风神疏朗，这与他的家族气质以及父亲的教诲不无关系。

一方水土、一室之家孕育了王阳明，他用自己的思想、精神及战功回报了这个世界。王阳明的思想对少年的你们有哪些启发呢？

一、渴望，才能不朽

少年的你们，生活在一个物质富足的时代，衣食住行不仅得到满足，甚至更好。那在此时此刻，你有什么样的渴望呢？如果你的回答是，想要什么东西，想要怎样的体验，那你说的是欲望，不是渴望。渴望是确立高远的志向。王阳明从小崇拜的都是英雄豪杰，甚至崇拜到英雄豪杰都会进入梦境之中，其实，这是他渴望的自己的形象。这样的渴望，是一种精神的高度，是高远的志向。有了它，人才有发力点，才有真正的动机。有了渴望，我们才能体验值得一过的日子，如果没有，就是虚度时光，即使是青春，也会散发出腐朽的气息。"丈夫落落掀天地，岂顾束缚如穷囚"！ ①渴望会冲破你对自己的禁锢，让你成为自己的主人。

二、用心，才能做好

从王阳明一生所做的那么多事情来看，他只要做，就做得好，不仅因为他聪明，更重要的是凡事他都全身心投入。王阳明在追求成圣的道路上，努力在圣贤的经典中寻找答案，夜夜读书到天明，累得吐血，父亲严厉禁止他再看书。

你可曾为了一道题，思考到废寝忘食的地步？你可曾为了练好一首歌、一首钢琴曲，在心里反复琢磨过？你可曾为了打好球，像迈克尔·乔丹一样努力过……如果没有，那你就不算真的学习过。乔丹曾强调过成功源于你的头脑、你的思维方式，他的每次训练都是用心的练习，并且根据训练效果及时调整。你知道什么是用心的练习吗？它不是机械地重复，而是在练习中保持思考。

用心，不是一句口号，它是一种思维方式——投入的思考＋坚强的意志＋不移的决定。

三、行动，才能收获

王阳明是个行动派，他的行动紧紧围绕着他的志向：成为圣贤。他读圣贤书，渴望找到成为圣贤的方法；他钻研道教和佛教，希冀

---

① 出自王阳明的诗《啾啾吟》。

从这两个路径中找到成为圣贤的方法；他沉迷辞章之学，希望通过写文章，垂范天下，成贤成圣；他钻研兵法，要建功立业，成为圣贤。王阳明的思想，是通过他自己的生命实践得来的。

行动的动力是怎么来的？一是外在人、事、环境的刺激；二是要满足活下去的需要；三是内在动力，就是自己把事情做好的动力。这三种动力，王阳明一生中都曾有过，但持续一生的是第三种。现在青少年也要培养和激发这种动力，也就是内驱力。内驱力的培养有方法。第一个方法是要自己选择行动，自己愿意付出动力才会持久强烈。比如你明明已经准备开始写作业了，这时，家长一催促，瞬间就没了兴趣。因为你的动力被父母提醒的外界刺激给冲刷掉了，你觉得失去了掌握感。第二个方法是制定可行的目标，目标不要定得刻意死板，要知道自己内心的真实需求，每隔一段时间认真地反思，适当做出调整。第三个方法是要时刻盯紧自己的目标，一旦懈怠，怀疑和恐惧就会乘虚而入，内驱力就无法持续下去。

四、去爱人，才能快乐

中国传统文化，从来都注重人与人之间的和谐关系。古人提出了仁者爱人、民胞物与①等观念，孟子曾经说过："爱人者，人恒爱之。"爱别人的人，别人也会永远爱他。王阳明被世人一直爱戴，是

---

① 出自宋代张载的《西铭》："民吾同胞，物吾与也。"意思是世人皆为我同胞，万物皆为我同类。泛指热爱一切人与物。

因为他对老百姓的疾苦，有恻（cè）隐之心，有切肤之痛。他爱百姓胜过爱自己，他为百姓所思所想就像父母为自己的儿女算得那样细致。比如，当时与朱宸濠（háo）大战，朝廷没有派来一兵一卒（zú），王阳明非常焦急，便下令调遣狼兵，但是后来考虑到江西的百姓害怕狼兵，王阳明就赶紧撤消了调令，在军情十万火急的时刻，他心中仍然惦念着老百姓的感受，这是何等深沉细腻、博大无私的爱呀。他离世之后，百姓如丧考妣（bǐ）①。

只有心里装得下别人，装得下世界，装得下宇宙，才不会计较个人得失，无论世界回报我们什么，我们都会因为自己心底的无私与光明，而愉悦自得。

五、找真心，才能成长

致良知是王阳明心学的主旨。关于致良知的解说很多，用最简单的三个字来解释，其实就是"找真心"。我们的真心知道良善、知道丑恶。但真心难找，因为我们的真心很多时候都被遮蔽了。

比如，你可能说我不要学习了，学习不是我的真心所愿。但是你可曾叩问自己：你是真的不要学习了，还是畏惧了，想逃避呢？找真心，你要拨开重重的迷障——对自我的扭曲看法、别人贴的标签、压抑的伤痛、对困难的逃避……这些都极为隐微且不容易被察

---

① 父亲去世后称"考"，母亲去世后称"妣"。这个成语的意思是如同死了父母一样悲痛。

觉。寻找真心，需要莫大的勇气、需要冒险。当我们自我接纳的程度越来越高时，当我们用尽洪荒之力掷走别人的目光时，当我们勇于去承担自己的责任时，我们会越来越强大，会有勇气去冒险，而成长，就是冒险过后得到的礼物。

王阳明的思想世界渊深博大，以上五点启发，只是他思想世界的微末尘埃，但这也足以让我们心生羽翼，任意翱翔。

这本小书，以王阳明的一生为主线，串起众多的人物、事件，还有一些历史小知识。

希望这本书，给读者一些启发，打开一扇通往更高更丰富的精神世界的大门。

那个世界，洁净精微，阳光普照。

孙永娟

2022 年 12 月 6 日

目　录

一

初涉人世

王阳明的先祖们

1525 年，王阳明在家乡余姚，这一年是他父亲过世的第三年，也是他守孝的最后一年。古人父母去世，儿子要在家守孝三年。王阳明每天给人讲学，与朋友、弟子们切磋（cuō）学问，日子过得很闲散。

这一年，一个叫张思钦（qīn）的年轻人，从家乡陕西千里迢迢来到余姚，专门拜访王阳明，恳求他为自己的父亲写墓志铭。王阳明被张思钦的执着和孝心感动，对他说了一段话：我知道，你是想通过我的文章让自己的父亲被人永远记得，这份孝心让人感动。其实，如果你真的想要让父亲声名远扬，与其通过别人的文字来实现，不如让自己成为一位贤人。张思钦听了这番话，立刻打消了请王阳明写墓志铭的想法，还拜王阳明为师。

王阳明是为祖先赢得了声名的，因为他，他的先祖的生平事迹有人搜寻、有人整理，也使得我们能重温这套家谱。我们可以从中知道，王阳明高远坚定的志向、让人赞叹的才华和对理想的不断探索与实践，是在怎样的家庭环境之中孕育的。

关于王阳明的祖先，现在有两种不同的说法：一种说法是他的祖先是大名鼎鼎的书法家王羲之；另一种说法是他的祖先是"卧冰求鲤"的主人公王祥。我们在这里不去探讨哪种说法正确。王阳明的家族谱系从他的六世祖王纲才开始逐渐变得清晰与准确。

王纲诗文写得好，军事能力也很强，但他一直过着隐居的生活。后来，由于母亲年老需要赡（shàn）养，他不得不出来做事。王纲六十几岁的时候，被举荐到朝廷做官。后来，潮州发生战乱，他只身前往叛乱的阵营，说服叛乱首领，平息了祸乱。在回家的路上，却被苗人杀害了。当时他十六岁的儿子王彦（yàn）达在他身边，苗人让彦达带走了他父亲的尸体。关于王阳明五世祖王彦达的事情，我们知道得很少。只知道王彦达目睹父亲的惨死，受到极大的震动，朝廷几次三番邀请他出来做官，都被他坚决拒绝了。王彦达一辈子就靠种田养活一家老小。年老时，王彦达对儿子王与准（字公度）千叮万嘱，不要谋求做官，好好读书，日子过得去就可以了。王与准将父亲的嘱咐铭记在心。

王与准很听父亲的话，坚决不出来做官，认认真真地把家里所有的书都读完了。后来他又到四明（今宁波）去拜赵先生为老师，专门学习《易经》。赵先生和王与准相处时间越长，就越佩服他的气节和人品，便把自己家族里的一个妹妹嫁给了他。他还劝说王与准出去做官，王与准说：您之前不是还教我远离人世的烦扰吗？我这辈子一定会都照做的。赵先生听了，更敬佩王与准对隐居志向的坚持，从此再也不在王与准面前提做官的事了。

王与准很会占卜，有空的时候就自己算算，有时还会给别人卜上一卦，都非常准。后来，附近的人都来求他占卜，就连县令也派人来请他占卜。县令有时候竟然一天要王与准占卜两三次。王与准实在忍受不了这样的打扰，有一次，他当着县令派来的人的面，把占卜的书全部都烧掉了。为了躲避县令的报复，王与准只好逃到四明山，在石室中藏起来，住了一年多。当时朝廷派人寻找隐藏在民间的奇才，使者来到了绍兴府，打算起用王与准，县令趁机向使者说王与准的坏话，使者就命人抓捕了王与准的三个儿子，还派人入山搜捕王与准。王与准听到消息，只得往深山中逃，一不小心，掉下了山崖，摔断了腿，最终还是被抓住了。使者见王与准虽然身受重伤，但言行坦荡、气度不凡，就询问详细情况。王与准便将事情的前因后果说了一遍，使者明白了真相，就释放了王与准，但对他说："您不出来做官，估计还会给您定罪的，就让您的儿子代替您吧。"王与准只好让次子王杰到县学补弟子员，也就是填补县里学校学生的缺额。

王阳明的曾祖王杰（字世杰），在自家门前种了三棵槐树，自号槐里子，当时人都尊称他为"槐里先生"。王杰仪表堂堂，眉清目秀，长长的髯（rán）须，远远望见，让人以为他是个神仙。王杰十四岁时，就精通"四书五经"和宋代大儒们的学说，早早便立志要做圣贤，而且也时时刻刻以圣贤为榜样来约束自己的言行。有一次，王杰去参加乡试，考试之时，他看到为了防止作弊，考生进考场前都要脱掉衣服，把头发散开，接受检查，就愤然说："这太侮辱人了。"于是便回家去了，不再去应试。明宣德年间（1426—1435 年），朝廷下令各地推荐人才，王杰以家中还有老父亲需要赡养为由，不出来做官；父亲去世之后，县里又举荐王杰，王杰又以家中有老母亲为由推掉了，把两次机会都让给了好友。

王杰一边耕田一边教授弟子，生活清苦，经常上顿不接下顿，但仍然过得很开心。王杰母亲临死时叮嘱儿子："你已经穷得太不像样子了，我死之后，你一定要出去做官。"王杰办完母亲的丧事，服丧之后，便接受县里的举荐进入南京国子监。第二年，王杰被推荐到朝廷做官，还没到任，就去世了。

孔子曾经问学生们的志向，曾点说：在春天，穿着春服，长幼相携，在沂（yí）水里沐浴，在舞雩（yú）台上享受春风。孔子很认同曾点的志向。王杰也认同曾点的志向，而且还说如果领悟"曾点之志"就可以做到淡泊功名，微笑面对任何处境，洒脱自得。

王阳明的祖父王伦（字天叙），最突出的特点是喜欢竹子。他在自家屋外种满了竹子，每天在竹林中吟啸，人们都称他为"竹轩先生"。王伦喜欢弹琴，经常月下焚香抚琴；也喜欢诗文，还和好朋友们成立了一个诗社。因为父亲王杰英年早逝，王伦小时候家中十分贫穷，但贫穷并没有影响王伦继承家族研读经典的传统，他发奋读书，还读出了名气。二十岁时，浙江各地大户人家都争相邀请王伦教育自己的子弟，因为经过他教授点拨的学生，德行和学业都长进明显。王伦特别爱护自己的弟弟王粲（càn），就像做父亲的呵护自己的儿子一般；他也爱护同族的子弟，王伦的儿子王华出任翰林后，就将自己的俸禄拿出一部分孝顺父亲，而王伦却拿出其中一半用来照顾同族的子弟。古时候，人们把有血缘的亲人称为同族，一般都住在一起。当时乡里发生纠纷的同族，听说王伦的事迹后，都深感惭愧，很快就亲睦起来。

王阳明的父亲叫王华（字德辉）。王华出生前，王伦的母亲梦见婆婆抱着一个孩子交给自己说："你对我很孝顺，你的儿媳妇也孝顺你，所以我就恳求上苍，将这个孙子送给你，世世代代荣华。"因为这个好梦，王伦就给孩子起名叫王华。

王华是个神童，刚刚会说话，父亲只教一遍的诗，他就会背诵。王华学习速度惊人，十一岁时开始上学，老师教他写对联、作诗、写文章，他很快就掌握了，老师都觉得没有什么可以教给这个优秀的学生了。十四岁的时候，王华和家族的子弟们一起在龙泉山上读书，寺里的僧人说寺里有妖怪，说得绘声绘色，同学们吓得都不敢留在寺庙读书，只有王华独自留下来。僧人对王华佩服得五体投地，说："你真是天人呢，以后福德不可限量。"后来，人们因为王华常在龙泉山上读书，又称他为"龙山先生"。1481 年，三十六岁的王华考中状元，开始做官。

王华无论是在朝廷之上，还是回到家里，说话做事都没有

分别，不会因为在外面和在家里而表现得不一样。他不看重财物。有一次，家中失火，值钱的东西都被烧光了，他依然和大家谈笑风生，一点儿不惋惜财物，人们都由衷地佩服他的度量。王华非常孝顺，父亲去世后，王华在父亲的墓地旁边搭建起一间草屋，在那里守墓三年。

王华内心强大、宠辱不惊，无论面对多么纷杂、多么重大的事情，都处变不惊应对从容。宦官刘瑾掌握大权后，权倾朝野，很多士大夫为了保全性命，都投奔到他的门下。刘瑾有意拉拢王华，被他断然拒绝，刘瑾因此耿耿于怀。刘瑾苦苦搜索王华的罪证，却始终找不到，后来翻出一件与王华毫不相干的陈年旧事，最后找了个莫须有的罪名，逼迫王华辞职。王华辞职的时候，非常高兴，还说："我终于可以避免灾祸了。"王华在朝廷中赢得了儒生官员的盛誉，皇帝也称他为元老重臣。王华无论是学问文章还是道德风范，都影响了很多人。

从王阳明的祖辈们的事迹中，我们可以看到，王阳明家族世代以诗礼传家，几乎每一代人都坚守自己的志向，都有杰出的才华、高贵的品质，都能特立独行。王阳明的高祖王与准从始至终都秉承父亲的遗嘱不为官，是一个不问世间事的隐者；曾祖父王杰立志高远，淡泊名利，追求自然、自在的生活；祖父王伦才华横溢，是当世的道德楷模；父亲王华品质高洁，不畏权势。生长在这样的环境里的王阳明小时候是怎么样的呢？

立志高远的少年

历史上的卓越人物，大多有不凡的出生，这样的模式无非是要突出人物的天赋异禀和营造一种神秘氛围。

王阳明出生前，他的祖母梦到神人抱着一个婴儿从天而降，祖母赶忙下跪礼拜，这时忽然响起一首天籁神曲，伴着锣鼓喧天、鞭炮爆响，神人对老人家说："这个孩子很好，交给你们了。"话音一落，神人就消失不见了，老人家也从梦中醒来。这时突然有人来报，说她得了个大孙子。而且还有记载说，王阳明出生的时候，有五彩祥云出现在庭院上空，祖父王伦就给孙子起名"王云"。

王阳明长到五岁还不会说话。有一天，他和小伙伴们在外面玩耍，一个过路的道人看到他，感慨地说：真是一个好孩子，可惜被说破了。王伦听说了，恍然大悟，原来自己孙子的名字泄露了天机，连忙给孙子改名"守仁"。

改了名字之后，王阳明一鸣惊人，能诵读以前从没诵读过的文章。祖父非常吃惊，就问他怎么会诵读出来的呢？王阳明说，听到祖父平时诵读，自己就默记在心里了。

天生诗才

王阳明十岁时，父亲王华考中状元，在京城获得了职位，就打算将父亲和儿子接到京城来。王阳明十一岁那年，和爷爷一道上京城。

途中，路过江苏镇江的金山寺，王伦宴请好朋友。王伦当时兴致很高，可是想作诗却作不出来。王阳明当场就替爷爷作了一首诗：

金山一点大如拳，打破维扬水底天。
醉倚（yǐ）妙高台上月，玉箫吹彻洞龙眠。

大家一听，都惊讶于这小小的孩子竟有这样的诗才。这时有人想再试探下王阳明，就请他以"蔽月山房"为题，再吟诗一首。王阳明立刻就吟诵出：

山近月远觉月小，便道此山大于月。

若人有眼大如天，当见山高月更阔。

满座宾朋这下更是佩服不已，赞不绝口，还说："这孩子以后肯定要以文章扬名天下。"王阳明听了，当下就反驳说："文章是小事情，怎么能靠这个成名呢？"大家更是震惊，小小孩童竟然有这样的认识和志向。

王阳明这两首诗中的壮阔境界、豪壮之气，与他的志向是紧密相关的。

什么是第一等事

说到王阳明的志向，还要讲一个小插曲。有一天，王阳明去市场上游逛（guàng），看到有人卖麻雀，他非常喜欢，也想要一只，与小贩讨价还价，最后两人竟然争吵起来。这时，一个路过的道士，看到王阳明的面相之后非常惊讶，对大家说："这个孩子以后肯定能有非同寻常的功名。"这个道士不仅出钱买下麻雀赠给王阳明，还把他送回书馆，告诉他："将来呀，等到你的胡子长到衣领的位置时，就开始登入圣人的境地了；胡须长到上丹田的时候，就能有小成就；等到胡子长到下丹田的时候，就成为真正的圣人了。"又继续嘱咐他，"你要好好读书，重视自己，我说的话未来一定会应验的。"王阳明似乎听进去了道士的话，从此心无杂念，认真读书，学业也一天天地进步。这很像现在心理学上的皮格马利翁效应，就是你期望什么，你就会得到什么，由此，皮格马利翁效应也常被称为"自我实现预言"。

道士的话对王阳明产生了一定的影响。有一次，王阳明一本正经地问老师："天下什么样的事是第一等事呢？"私塾（shú）先生回答说："当然是科举考试考中，显亲扬名，就像你父亲一样。"王阳明想了想说："科举考试考中是常常有的事，这个哪能算是天下第一等事？"私塾先生就问道："那依你看，什么事是第一等事？"王阳明答道："成为圣贤才是第一等事。"此时，小小王阳明的心里种下了一颗种子，这颗种子是要成圣成贤。自此，种子就开始生根发芽。

中国传统的知识分子最高的追求就是"三不朽"：立德、立功、立言。不朽，这里就是指一个人所做的一切都不会随着时间而消逝，会永远留存下来。

所谓立德、立功、立言，简单地说，立德就是道德境界高，立功就是建功立业，立言就是著书立说。目前大家一致认为，历史上能做到三不朽的只有"两个半人"，一个是孔子，一个是王阳明，曾国藩只做到了半个不朽。王阳明的道德境界很高，他一生都以百姓事为第一事，无论在怎样的境遇下，家国天下始终在他心中；王阳明一生立下不少功劳，有著名的"三征"，就是三次大军功；王阳明创立心学，影响深远，在《王阳明全集》中能看到他精彩的言论。王阳明上马能战，下马能文，做到了立德、立功、立言"三不朽"，是中国历史上一位难得的全能大儒。

王阳明最终达到了"三不朽"，即圣贤的境界，这与他从小心里就立下要做圣贤的志向是紧密相关的。一个人志向高，可能会得到一个中等的结果，而一个人若只立了个中等的志向，那可能仅仅得到一个下等的结果。

我们伟大的周恩来总理在少年的时候，他的老师问："你为什么而读书？"他回答的是："为中华之崛（jué）起而读书。"立志高远，才有实现的可能，古今中外都是如此。

我们都要思索一下：自己的人生志向是什么？王阳明立下志向，并不是说说而已，而是一生都在不断地追寻与探索。他后来曾经说过一句大家熟知的、经典的话："持志如心痛。一心在痛，人安有工夫说闲话、管闲事？"

王阳明北游

王阳明十五岁时，想要考察当时北部边境的情况，就想办法和父亲的一位好友去了居庸（yōng）关。居庸关是北京城通向北方边陲（chuí）的咽喉之地。他在居庸关附近考察了一个多月，和当地人交朋友，切磋武艺，听取他们对鞑（dá）靼（dá）的防御对策。这期间，少年王阳明竟然搭弓射箭赶走了鞑靼的一小队骑兵。

在王阳明北游期间，全国各地有的地方洪水泛滥，有的地方旱灾频发，盗贼趁机作乱，各地反叛不断。京城附近也盗匪猖獗（jué），朝廷却毫无办法。王阳明就把自己的策略写成文书，他相信这是个可行的计划，可以为朝廷排忧解难。当时王阳明对父亲王华说："我打算直接向皇帝上书，说明如何应对，并请皇帝像当年汉武帝授权侍臣终军一样，给我强兵壮马，我就能破除草寇（kòu），让天下安宁。"父亲坚决地制止了他，并严厉斥责了他。

从此，王阳明不敢再提这件事，开始专心致志地做学问。受到父亲的训诫之后，王阳明虽然放弃了上书的想法，但他效仿终军的志向非常难得。

终军是什么样的人呢？终军是汉武帝时期的一位大臣，他博闻多识、文采飞扬。汉武帝时，南越表面臣服汉朝，实际上是半独立状态。汉武帝为了让南越彻底臣服，决定派使者出使南越。终军主动请缨，去劝说南越王归顺汉朝。南越王表示愿意归顺，但是南越的大臣却极力反对，他们发兵攻打南越王，杀害了终军。终军离世时，才二十出头。

由此可见王阳明从小就羡慕志向高远、气度豪迈的人。

少年梦——伏波将军

王阳明十五岁时，心中还有个偶像，那就是马援。这一年他做了个梦，还为此作了一首绝句：

卷甲归来马伏波，早年兵法鬓毛皤（pó）。

云埋铜柱雷轰折，六字题诗尚不磨。

这首诗大致的意思是，马援早年就已经精通各种兵法。马援平定交趾（zhǐ）叛乱胜利归来后，在边境立了一根铜柱，上面写了六个大字"铜柱折，交趾灭"，这六个大字到现在还没有被磨灭。从诗中可以看出，王阳明的壮志豪情、远大抱负。

伏波将军马援（前14—49年），是东汉光武帝时期的名将。马援最初在北方放牧，王莽执政时才出来做官。后来追随光武帝讨伐羌（qiāng）族时，建立了功勋。此后马援又屡立战功，先后平定交趾叛乱、征讨匈奴和乌桓（huán）等。老年时，还再次出兵，最后病死杀场。马援是一位彪炳史册的大将军。

王阳明逝世前一个月，乘船返乡，路过乌蛮滩时，船夫指着一座庙宇说那里供奉着汉将军马援，王阳明不顾自己卧床多日的病体，坚持到庙里去祭拜马援。触景生情，写下了"四十年前梦里诗，此行天定岂人为"动情诗句，王阳明对马援有着强烈的情感，一生保有炙（zhì）热的崇拜。马援的牺牲精神和责任感，还有卓越的军事才能和深谋远虑令王阳明折服。

王阳明的志向，决定了他未来的道路。小小年纪就独立思考，敢于质疑老师说的读书为功名，大胆提出要做圣贤。一个

少年读王阳明

十五岁的孩子，能以伏波将军和终军为榜样，立志保家卫国，抵御外族入侵，不惜牺牲自己的生命，这种忠君报国的精神和志向，也贯穿王阳明的后半生。

漫漫求索路

王阳明青年时期，一直在探寻如何成贤成圣。这个阶段就是现在常说的青春期，此时的他很迷茫，不断尝试，持续探索。这段时间，他完成了人生大事——结婚、练习书法、拜访娄谅、格竹子。

新郎不见了

1488 年，十七岁的王阳明，到江西南昌去迎娶自己的新娘子。岳父诸（zhū）养和与父亲王华曾经在京城一起做官，是金兰之交。婚礼在南昌岳父家举办，婚礼当天，王阳明四处溜达，走进了南昌著名的道观铁柱宫。他见一位道士正在一旁盘腿静坐，就上前搭话，道士估计也是健谈之人，就向这位年轻人讲述养生的学问，然后又教给他导引之术。导引之术是信奉道教的人一种修炼的功法。王阳明学会导引之术后，立即开始和道士对坐练习。两人就这样对练到次日。

新婚之夜，新郎官不见了，王阳明岳丈家里人急得像热锅上的蚂蚁。诸养和立马派出衙（yá）役四处寻找，大家找了一整夜，第二天早晨，衙役终于在铁柱宫找到了正打坐练功的王阳明。衙役走上前，和王阳明说他的岳父让他赶紧回家，王阳明才恋恋不舍地和道士作别。道士对他说："珍重！珍重！二十年后，当再见。"后来果然如道士所说，二十年后，他们再次相遇了。

这次王阳明与道教结缘，对他的一生影响很大，王阳明后来又有多次修习道术的经历。

苦练书法

王阳明不仅对道教痴迷到连做新郎的事情都忘记了的地步，练习书法也是这样。

王阳明成亲后，就暂时住在岳父的家里。岳父家积攒了好多箱纸，王阳明每日就用这些纸练习书法。到了第二年年底，岳父家的纸都被王阳明用完了。这段时间，他的书法技艺大有长进。王阳明后来讲到这段经历时，总结说：之前，练习书法，只知道对着古帖临摹（mó），仅仅学了个形似。后来，只要提起笔，就不轻易落纸，总要凝思静虑，在心上模拟字形，慢慢地就掌握了书法的门径。王阳明在书法上的体悟是：随时随地在心上学，在心上学精、学明了，再下笔，字才能练好。这体验和感受，是后来心学思想创建的基础。

王阳明的书法达到了怎样的境界呢？明代的艺术大师徐渭（wèi）曾经评价过王阳明的书法，大致意思是："世人只知道王阳明的心学成就，而不知道他的书法，现在看到了他的书法作品，如同凤凰飞舞、蛟龙盘曲。"徐渭的评价，是把王阳明的书法和王羲之比肩了。现在大家还有幸能够看到王阳明的传世书法作品，其中有一件著名的作品《矫亭说》，点画极有功力，书卷气很浓郁，笔法清新自然，线条变化生动，据说是王阳明书写于"龙场悟道"之后。明末书画家归庄见到了《矫亭说》赞叹说："一代儒宗的王阳明，书法竟如此了得，我这一生的书法就算白写了，穷尽一生也无法达到这种境界。"由此可见王阳明书法的造诣（yì）之高。

拜见大儒娄谅

1489 年，王阳明十八岁。这年的年末，王阳明带着妻子返回家乡余姚。在返乡途中，发生了对王阳明来说很重要的一件事，那就是拜见了对他一生影响重大的一个人物——娄谅。

娄谅是明代著名的思想家，少年时就立志做圣人，他云游四方，求师问道，但是越发觉得，这些老师教的都是科举考试的方法，而不是做圣贤的学问，这让娄谅非常失望。后来他到吴与弼（bì）门下求学。吴与弼教授学生，强调人应当修整约束自己的身心，安静时要涵养自己，行动时要省（xǐng）察自己，众多弟子都追随他。吴与弼的学问方法是娄谅服膺（yīng）的。娄谅三十一岁时，参加乡试，中了举人。乡举之后，娄谅认为自己的学问还不够，也不急着去做官，继续在家修学，还经常到老师吴与弼那里问学，这样又过了十多年。娄谅四十三岁再去应试，考取进士，朝廷就派他到成都府任职，他在成都的任上只待了两个月，就推说自己有病回家去了。回家之后，娄谅足不出户，每天读书讲学，在江西的名气越来越大，人们都很尊敬他。娄谅的思想是"主敬穷理"，大致意思就是，做任何事都要谨慎、严肃、敬重，学习要深究事物的道理。娄谅也践行自己的思想，每天早早就起床，装束庄重，先祭拜家里的祖先，然后接受家人及弟子的叩拜，里里外外严肃整齐，就像在朝廷上一样。他读书常常到深夜，然后才休息，从不懈（xiè）怠（dài）。娄谅虽然足不出户，却很关注国家的大事小情，心怀天下，爱国忧民。七十岁那年，他听说灵山白云峰崩塌了，就说自己快死了，召来弟子们诀别，不久与世长辞。

王阳明拜师娄谅，也与父亲王华的推荐有关。王华高中状元后把父亲王伦和儿子王阳明接到京城，住在兴隆寺附近。当时有位邻居，名叫陈献章。陈献章的学问与德行都很高，是吴与弼的弟子，和娄谅是同门师兄弟。陈献章很推崇娄谅，多次在王阳明面前谈到娄谅的学问非常扎实、非常高妙。父亲王华和邻里谈起娄谅，崇敬之情溢于言表。王阳明很早就想拜见娄谅了。

这年冬天，娄谅六十八岁，王阳明十八岁，两人相见了。娄谅给王阳明讲了宋儒的格物之学，特别说道：人人通过努力学习都可以做圣贤。这对王阳明触动很大，因为这又点燃了他从少年时代就立志成为圣贤的热情。王阳明虽在少年时立志成为圣贤，但在真正以圣学为一生的目标之前，他还是经历了一段迷茫期。

王阳明到底从娄谅处学到什么了呢？一是学到了如何立志。娄谅认为，做学问的目的并不是取得功名，而是做圣人。这也是王阳明一直追求的梦想。听了娄谅对学问的解释后，王阳明更加坚定地认为，自己从小立下的志向是对的。二是学到了如何才能成为一位圣人。娄谅的探索，为王阳明提供了一条捷径。娄谅认为，圣人的境界可以通过学习而到达。王阳明后来提出的"人人皆可为圣贤"的主张，就是受到了娄谅的启发。娄谅提倡的身体力行，在日常生活中自我觉察、自我修正的思想，让王阳明茅塞（sè）顿开，影响了他一生，为他后来提出的"知行合一"思想打下了基础。

如果没有和娄谅的这次会面，王阳明可能不会这么坚定地学习圣贤之学，也不会开创明代儒学的新篇章。在谈到娄谅对王阳明的影响时，黄宗羲说："王阳明后来所发明的心学，开端于娄谅这里。"有人认为娄谅是王阳明心学的启蒙老师，一点儿也不为过。

开始心向圣学

第二年，王阳明回到余姚老家以后，他的父亲王华就请自己的堂弟和妹夫同王阳明一起学习。王阳明白天跟着大家学习，准备科举考试，晚上不知倦怠地搜集各类书籍继续研读，追寻入圣的路径，经常读到深更半夜。

即便王阳明没有把全部心思放到学习科举考试的内容上，他的学习进度也远超过一起学习的四个人，这四个人看到王阳明学习得一天比一天透彻，惭愧不已，感叹道："我们真是赶不上呀。"原本，王阳明是个性格好动、豪放不羁（jī）的青年，开玩笑搞怪是常有的事。直到有一天，周围的人忽然发现王阳明变了，变得正襟（jīn）危坐、恭敬谨言。一开始，大家以为王阳明只是一时兴起，玩玩而已。王阳明听到大家的议论，就正色回敬道："我过去放任不守规矩，如今知道自己错了。"大家看到王阳明严肃的样子，便也跟着神色庄重、认真了起来。

《王阳明年谱》以"是年先生始慕圣学"（这一年先生开始仰慕圣贤之学）为条头，显然这段学习时期在王阳明的一生中是有重要意义的。王阳明在少年时，立志要做圣贤；而后，青年时期"始慕圣学",开始用功学习圣贤的经典著作。这一前一后,就是循序渐进的过程。

格竹子

王阳明是行动派,他要做圣贤,就一定要做出来、行出来,即要亲自实践。儒家经典《大学》中提到,学子修习圣贤之路的步骤是格物、致知、诚意、正心、修身、齐家、治国、平天下。格物是在最前面的,格物用现代语言来解释,就是深刻地研究事物的本质。

在京城,陪伴父亲期间,王阳明读遍了朱熹(xī)的书,朱熹很强调格物的重要性。朱熹有句话说:"众物必有表里精粗,一草一木,皆涵至理。"是说天下万物,每一根草、每一棵树都蕴藏着天理。这句话打动了王阳明,对求知欲极强的他来说,太有吸引力了。王阳明决定先从格物入手,于是就和一位姓钱的朋友撸起袖子实践起来。父亲王华的官署里种了很多竹子,他们决定就从庭前的竹子格起。

王阳明的朋友自告奋勇,对着竹子冥思苦想、殚(dān)精竭虑,一连三天,结果劳神成疾,坚持不下去了。王阳明想,朋友是个精力不足的人，所以失败了，自己应当不至于如此。他确实精力旺盛些，坚持了七天，但也没有格出什么名堂来。

这次格竹子，虽然是失败之举，但这次实践对王阳明后来的悟道也起着重要作用。王阳明认识到：通过格外物的方法来悟得天理是多么困难。

王阳明，新婚之夜为了学道，忘记了结婚的事情；练习书法，把岳丈家里的纸都用光了；学了娄谅的成圣之法，就开始废寝忘食地钻研圣贤之书；知道了朱熹的一个道理就要实践——格竹子，由此可以看出王阳明愿意动脑筋思考所学，并落实在行动上。桩桩件件，都让我们看到王阳明对认准的事情会认真投入，行动力极强。

王阳明的好友湛（zhàn）若水为他写墓志铭的时候，指出王阳明有五溺：任侠、骑射、辞章、神仙、佛氏。溺，是沉迷的意思。惋惜王阳明蹉跎（tuó）了二十年时光。但是我们从另一个角度来看，如果没有对这些事情的全情投入，也不会有王阳明后来心学的创见，这些都是体验，都是正向、积极的探寻。

王阳明后来自己总结说：再精深的学问也要实践证实，不然不算真知。真是"纸上得来终觉浅，绝知此事要躬行"，往往在实践中才能真正体会，内心才会产生触动，理解才会得到升华。

曲折的科举考试

王阳明有天赋又努力，很快就参加了浙江省的乡试。1492年，王阳明二十一岁，这一年他顺利高中举人，取得了进京参加会试的资格。这对于王家人来说是个大喜讯，在家人看来，从小心思就不在科举之上的王阳明，由此便可以正式踏上科举入仕的道路了。

王阳明虽然开始了科举考试，但是他并未用心学习八股文，做圣贤的志向始终在他心头。乡试过后，王阳明又利用闲暇时间开始钻研道家养生术，也学习佛家的思想，试图在道家或佛家中找到成为圣贤的途径。

1493年，王阳明参加会试，结果落榜了。好朋友纷纷前来劝慰王阳明，他却说："我倒不悲伤，只是很遗憾不能为国家效力。"他父亲的朋友、本届会试的主考官宰相李东阳鼓励他说："为国家效力，你还有的是时间，这一科，你没有考中，下次一定能中状元，为什么不写一篇状元赋呢？"王阳明听了，立刻挥笔，不一会儿就写成了，身边的老前辈都惊叹："天才！天才！"文中的高迈境界和宏大抱负，让很多人震惊不已。

会试之后，王阳明又放弃了钻研道教和佛家，用心于辞章之学，他希望自己能够通过文章立下千古不朽的言论，成为圣贤。王阳明无论做什么都有一股劲，那就是全身心投入。他和文学家朋友探讨论辩，找寻文章的真谛（dì）；他日夜苦读，累到吐血，希望在古代文学作品中找到自己的方向和道路。后来，他的父亲强制他休息，王阳明这才消停下来。但是第二年离开京城回到家乡，王阳明就组织了龙泉诗社，他要在辞章的道路上继续探索。王阳明被当时人赞誉为文学界的天才。可是，没多久，王阳明又解散了龙泉诗社，投入军事的怀抱。

王阳明从小就喜欢军事，七八岁的时候痴迷象棋，对这个没有硝烟的战场，向往不已，吃饭、睡觉，甚至洗澡都要摆棋子，废寝忘食。还有前面提到他单枪匹马出居庸关，实地考察边境情况。这次王阳明为什么从学得热闹的辞章中毅然决然回到军事上？

当时余姚有位居士叫许璋，喜欢穿白衣，隐居在山林之中。这个人有两样本领：一是占卜极准；二是军事造诣颇高。这样的奇人自然吸引王阳明，他急忙前去拜访。交谈之后，许璋知道了王阳明的宏图大志，也知道他正钻研辞章之学。许璋便劝王阳明："辞章是小技巧，不能成大业，更别谈要做圣贤了。建功立业才能成就圣贤。"王阳明听从了许璋的建议，就放弃了辞章，转而钻研兵法。许璋把自己的看家本领诸葛亮兵法和奇门遁（dùn）甲之术都传给了王阳明。王阳明本来就有底子，又很投入、认真，军事理论也逐渐成熟起来，心中建功立业的火焰又被点燃了。

会试每三年举办一次。1495年，王阳明回到京城，开始准备第二年的会试。此时的王阳明，满脑子都是用兵之道，根本没有心思准备考试。和大家一起参加宴会时，王阳明就用果核在桌子上排兵布阵。此时的王阳明已经很明确：打仗，攻心是第一。要虚虚实实，搅得敌人慌乱、没有章法的时候，再突然进攻，一定能以最小的付出得到最大的胜利。王阳明的这一思想贯穿于后来他指挥过的所有战役中。

会试结束了，已经二十五岁的王阳明又落榜了。有人在发榜的时候号啕大哭，王阳明却无动于衷，大家都以为他太伤心了，纷纷安慰他。王阳明却说："人们都以落第为耻，我则以落第动心为耻。"意思是：大家都以考不中为羞耻，我则是以因为

没有考中内心难受为羞耻。这段话已是心学的萌芽，大家听了佩服不已。

从二十六岁开始，王阳明在京城又住了三年。耳闻目睹了关乎国家命运的许多大事。比如，当时边境军情紧急的时候，朝廷举荐不出良将，朝廷的军事人才储备捉襟见肘（zhǒu）。王阳明看到武举考试内容都是武术，而没有对将帅之才的选拔。他就开始留心，凡是兵家秘籍都仔细研究，烂熟于心。后来，他将读兵书的心得汇集成《武经七书评》。《武经七书》指《孙子》《吴子》《司马法》《李卫公问对》《尉缭子》《三略》《六韬》七部兵书。王阳明的《武经七书评》大概就是在这段时间写成的。晚明儒将、火炮专家孙元化认为，王阳明的军事才能和谋略不在古代军神孙武、吴起之下。

《王阳明年谱》记载，王阳明二十七岁的时候，感慨道："学辞章也没有到达圣贤的境界，多次求师访友也找不到方法。我心里很惶惑，到底怎么样才能达到圣贤的境界呢？"的确，从格竹子到拜访娄谅，已经过去这么久了，王阳明还没有找到一条道路。郁闷之间，忽然有一天读到朱熹给宋光宗的一封信，里面有句话："虔诚地坚持一个志向，是读书的根本；循序渐进，是读书的方法。"这句话对王阳明来说无疑有拨云见日、当头棒喝之感，在他迷茫的时刻，这句话戳（chuō）中了他的心，他开始自责：以前学的东西又多又杂，在各个领域跳来跳去，没有循序渐进地去研究一个领域。

随着学习，王阳明越想越觉得对于朱熹的学说，自己已经得到要领了。可是无论他怎么钻研，还是感受到外在的一切和内心无法融合，外在是外在，内心是内心，内外总是隔着一层。可能是用力过猛，王阳明旧病复发，竟然心灰意冷地认为：圣贤大概是注定的，我就不是这块料。这期间，他偶然听到有位道士的养生之术极好，就又要遁入山林。

王阳明一直在冲突之中，一直在怀疑和不确定之中，不停地寻找自己的圣贤道路。此时的王阳明垂头丧气、不知所措、痛苦困惑，这是追寻真理的人必然要经历的阶段。

1499 年，王阳明再次参加会试，这次榜上有名了，且名列前茅。后来又参加由皇帝主持的殿试，王阳明考取了进士。

读 故 事　　学 知 识

卧冰求鲤

　　出自东晋干宝的《搜神记》，也是"二十四孝"故事之一。一个名叫王祥的人，自幼失去了母亲，继母对他很冷漠，但王祥从未因此心有怨恨。继母爱吃鲤鱼，有一年冬天，天寒地冻，为了抓到鲤鱼给生病的继母，王祥赤身卧在冰面上，待冰面融化裂开，终于抓到两条鲤鱼，带回家奉给了继母。从此，人们都称赞王祥是世间难得的孝子。

维扬

　　扬州的别称。出自《尚书·禹贡》："淮海惟扬州。彭蠡既潴，阳鸟攸居。"意思是，从淮河到黄海之间是扬州。彭蠡（lǐ）已聚水成湖，成为每年冬天雁群栖息之地。惟，通"维"。后取其中二字为名。

服膺

意思是牢记于心，真诚信服。朱熹《四书集注》："服，犹著也；膺，胸也。奉持而著之心胸之间，言能守也。"

名列前茅

原指古代行军过程中，前方士兵手持茅草作为旗子，一旦遇到紧急军情便举起茅草为号，提示后方部队提高警惕，随机应变。后来指名次排在前面，形容成绩优异。

出自《左传·宣公十二年》，春秋时期，楚国攻打郑国，郑国向晋国求援。晋国派大将荀林父前去援救，可是还没到，郑国就已战败并投降了，楚军也撤了。荀林父打算率兵回国。他属下副将先縠却认为应该去追击楚军。而中将士会同意荀林父的意见，他认为作战最重要的是时机，如今楚国"蔿敖为宰，择楚国之令典，军行，右辕，左追蓐，前茅虑无，中权，后劲，百官象物而动，军政不戒而备，能用典矣"。意思是楚王任用孙叔敖为宰相，整顿军队，行军时右军保护将帅的兵车，左军负责部队食宿，先头部队手持茅草作为旗子，一旦发现紧急军情便举起茅草为号，提示后方部队提高警惕，中军负责制订作战计划，后军是精锐部队，作战时各司其职、分工明确、纪律严明，所以不宜贸然进攻。先縠不听，独自率军去追击楚军，结果遭遇惨败。

二

职场开端

准官员

明朝学子考中进士之后，除了前几名，其余进士任职前要实行观政。观政制度是明代朝廷培养人才的一项措施，也就是说朝廷并不会立即授予官职给进士，而是派遣他们到六部九卿等衙门实习政事，相当于现在的考察实习期。

1499 年，王阳明二十八岁，这一年朝廷派他到负责土木建设的政府部门实习，而且很快安排他前往河南浚（xùn）县，去主持建造威宁伯王越的陵墓。

用兵法督造陵墓

前文介绍过，在军情十万火急的时候，朝廷竟然找不到一个人出来带兵打仗，王阳明又是着急又是叹息。当时王阳明每天都想着边关的战事，一天晚上，他做了个梦，梦见一位当时的名将，解下自己的佩剑，赠送给了他。

那位名将就是威宁伯王越，而王阳明考中进士之后的第一份差事竟然就是为王越筑造陵墓。

王越、王阳明、王骥，是明朝历史上著名的"三王"。"三王"都是文臣，却又是名将，而且因为能带兵打仗，又都被封了爵。王越在出任大同巡抚时军事才能得到展露，他采取了一系列有效的措施：修整兵器、精简队伍、修筑堡垒、减少税收、加强边备，取得很好的效果，得到了朝廷的赞赏。接下来，王越屡建战功，他操练兵马，冲锋陷阵，用兵入神，出奇制胜，保证了明朝北方地区常年的稳定安宁。

王阳明梦到威宁伯赠剑，醒来后对朋友说："吾当效威宁以斧钺（yuè）之任，垂功名于竹帛，吾志遂矣。"意思是，我要像威宁伯一样，建立军功，载入史书，那我的志向就实现了。

威宁伯战功赫（hè）赫，去世后朝廷自然要厚葬他，他的陵墓也要好好地建设一番。王阳明很崇拜威宁伯的兵法，而且在梦中与其已有神交，能承担这份工作他自然很欣喜。

这年秋天，王阳明来到威宁伯的家乡河南浚县，把参与修建陵墓的农民当作士兵，用"什（shí）伍之法"，也就是每五人或十人为一组，编成队列，安排分工，用训练军队的方式去建筑陵墓。他还利用空闲时间见缝插针地组织这些农民演练诸葛武侯的"八阵图"，多年以后，王阳明甚至说这些经过训练的农民，可以作为正规军到战场上拼杀。采用军事化管理后，修建陵墓的速度也大大提高，最终不仅陵墓修建得高大宏伟，还提前了工期。这期间，王阳明还翻阅了威宁伯留下的一些兵书，深得其兵法精髓。

陵墓修建完成后，威宁伯的家人向王阳明赠以重金，感谢他的尽心尽力，王阳明没有接受；威宁伯的家人就将威宁伯曾佩带过的宝剑赠送给他，王阳明想到此前的梦，很高兴地接受了馈赠。

王阳明实习期的工作完成得很出色。

上书边防对策

1500年，威宁伯的陵墓竣工之后，王阳明回到京城。有一天，有彗星从京城上空扫过，当时人们认为是不祥的征兆，又加上鞑靼正在侵扰西北边陲，明孝宗忧心忡（chōng）忡。王阳明年轻时就深切关注边境防务，在这内忧外患的时刻，他立即上了一篇《陈言边务疏》。这次他终于实现了自己十五岁以来就有的上书述志的愿望。在上书中，他提出了八项对策，内容大致如下：

一、蓄材以备急：平时要注意培养人才，以备国家急需之用。之前国家武举选拔骑射、搏击的人才是不够的，选拔出的这些人，只能带兵打仗，做不了将帅；二、舍短以用长：人有所长，必有所短，任用官员要用其长处；三、简师以省费：要精简作战队伍，选拔士兵重要的原则是精干，而且精简士兵，也会减少军费的开销；四、屯田以足食：作战时物资充足很关键，长途运输兵粮耗费财力，除有战事外，边防兵平时可以种田屯粮，自给自足；五、行法以振威：军纪严明才是制胜的根本。没有军法，不立军威，士兵疲散，在战场上就不能一心对外，奋勇杀敌；六、敷恩以激怒：要向士兵宣传亲情伦常、朝廷恩情，同时奖赏作战英勇的士兵，激发士兵为亲朋报仇的决心；七、捐小以全大：用兵过程中，对敌人的挑衅（xìn）要冷静，不中敌人的圈套，不使队伍奔逐疲劳、丧失战斗力，不因小失大；八、严守以乘弊：兵法上，首先要积蓄力量，然后寻找时机，以自己的长处去攻击敌人的短处。

以上只是简短地介绍了王阳明当时提出的八项措施。有学者认为，王阳明的边务八策胜过《孙子兵法》十三篇。王阳明经过十多年的准备，这次上书重点突出、直击要害，措施极为周全、务实，遗憾的是王阳明的奏章如泥牛入海，一去不回。王阳明的上书虽然没有被朝廷采纳，但他在京师的声誉却大大增加。

此时，王阳明的思想和作为都是当时普通儒生难以达到的。后来，王阳明能够荡尽南方诸贼、平定宁王之乱，也是意料之中的。

审查江北囚徒

由于王阳明实习任务完成得很好，1500 年，王阳明被任命为刑部云南清吏司主事。在明代，六部（吏部、户部、礼部、兵部、刑部、工部）是最高一级行政机关，每部设尚书一人，左、右侍郎各一人。每部之下都设有清吏司，在清吏司中有郎中、员外郎、主事的职位，分管该部的具体事务。在六部之中，户部和刑部需要管理的事务最多，与地方上的直接沟通也比较多，所以户部和刑部下面有十三个清吏司，与地方上的十三布政司或十三行省相对应。刑部十三个清吏司还兼管南北直隶的事务，也就是北京和南京的事务。

　　明朝初年，朱元璋很重视官员的廉洁，对贪官污吏从来不手软，刑罚也很重；对刑部的管理，很用心。当时朝廷对刑部大牢中的囚犯都会配给一定的食物，让他们在牢狱中仍有基本的生活保证。到了明朝中期，随着君主的懈怠，在刑部的管理上逐渐开始混乱。

　　刑部设有提牢厅，派一些狱吏专门负责管理刑部大牢中的囚犯，比如狱囚的出入、日常衣食医药，管理监狱设施的维护修理等，这些都是提牢厅官员的分内之事。每个月刑部各司主事都要到提牢厅一次，查看囚犯的情况和狱吏的管理情况，对刑部大牢的管理进行监督。此前的主事都是走走过场，没有谁亲自走进监牢仔细查看的。

　　没想到，王阳明这个主事与众不同，他亲自来到大牢，认真查看囚犯的生活状况。王阳明发现很多囚犯吃的饭都是用发霉的米糠做的，就向狱吏询问原因，狱吏解释说狱中缺粮，可王阳明又细心地发现狱吏饲养的猪却吃着细粮。王阳明心里清楚，这些狱吏用私吞的细粮来喂猪，将来把猪卖了分钱，或杀了猪分肉。这些狱吏贪得无厌、毫无怜悯之心，让王阳明很气愤，他很快就告知了上级领导。上级领导怎么会不知道呢，只不过碍于情面，睁一只眼闭一只眼罢了。领导见王阳明这么认

真，也没有拦着，让王阳明自行处理。对于那些狱吏，王阳明并没有加以重罚，而是进行了非常严厉的责备。

在刑部，经过一年的历练，1501 年，王阳明奉命到江北录囚。录囚，就是刑部各司的主事们每年都要到所管理的部门清理案件、平反冤狱。当时的江北包括南直隶（南京）在江北的扬州、庐州（今安徽合肥）等府和滁（chú）州（今安徽东部）等地，这些地方都归云南司兼管，所以录囚也由云南司派人协管。

王阳明到了江北之后，发现积压下来很多棘（jí）手的案件，难倒了随行的官员。王阳明分析了各类案例，决定找出其中最受争议、最难审理的案件进行处理。把最棘手、百姓最关心的案件解决了，就是向有关官员和百姓表明自己的诚意和决心；再有，只要将最难办的案子攻破了，其他的案件也就迎刃而解。

王阳明最终决定审理陈指挥杀人案。陈指挥脾气暴躁、生性好斗，经常打伤人，还曾打死过不少人，下狱时已经杀害了十八人。死者的家属们年年告状，却始终没有结果。原因有两个：一是陈指挥一家三代都当过兵，他的父亲战死沙场，他的儿子也被杀了，他的人生经历和家庭背景博得了社会的同情，众人都认为他是伤痛过度才会这样；二是陈指挥杀人后，知道难逃国法，就极力贿（huì）赂（lù）主管的官员们，寻找到了"保护伞"。

陈指挥被关押在监狱里十多年，是每次录囚的重点，却一直没有被问斩。王阳明知道百姓的积怨已深，如果不能还百姓一个公道，那朝廷在百姓心中的形象将大打折扣。虽然王阳明的同事为陈指挥说情，陈指挥的家属也苦苦哀求，但都没有阻止王阳明做出斩立决的决定。王阳明严格按照律法行事，又合乎纲常伦理，有司官员也不再阻挠。

陈指挥对王阳明恨之入骨，在临刑前破口大骂王阳明说："我死了，也不会放过你。"王阳明丝毫不惧，一腔正气地说："为了死去的十八条人命，一定要杀你，如果你死后来索命，那就来吧。"陈指挥被斩之后，江北官场震惊，百姓对这位不怕天、不怕地的刑部清吏司主事赞不绝口。

陈指挥这个案子，王阳明处理得果敢决绝，使得江北诸官员都对王阳明敬畏不已，不敢阻拦他的任何行动。短时间内，江北的很多案件就不攻自破了。就这样，王阳明平反了江北的很多冤假错案。

做主考官

摒（bìng）弃佛老

王阳明在江北期间，趁闲暇时间游览了九华山，《王阳明年谱》中记录了王阳明在九华山上的奇遇。

当时山上有位蓬头道者，人们都叫他"蔡蓬头""善谈仙"，王阳明很是尊重他，多次诚恳地向他请教。可道者却说："你虽以隆重的礼节待我，但是你终究还是做官的模样。"说完这句话，就一笑而别。

王阳明又听闻地藏洞有一位异人，不食人间烟火，于是他不顾山路险峻，攀缘到了地藏洞。进到洞中，他发现果然有一个人在睡觉。王阳明就坐在这人的身旁，抚摸这个人的脚。这位异人被惊醒，看到王阳明，大为吃惊，问道："道路这么难走，你怎么来到这里的？"两个人就探讨起来，异人评价说：

"周濂（lián）溪、程颢（hào）是儒家两个好秀才。"周濂溪就是周敦颐，北宋著名的理学家和哲学家，除了我们熟悉的《爱莲说》，他还写了《周子全书》，在莲花峰下开设濂溪书院，传授自己的思想学说，对中国的哲学研究发展起到了承上启下的作用。程颢，人称明道先生。他们的学说对王阳明有重要的影响。这位异人不谈修道，而是谈儒家，应该是劝说王阳明要向先儒大贤学习，成为一代圣贤。

1502 年，王阳明回京复命，看到京中的一些朋友还在用功学习古诗文，比拼谁更有才华，他感慨道："怎么能将我们有限的精力都放在这些虚浮的文字之中呢！"

此时，王阳明旧病复发，便向朝廷请假，要回乡养病。获得批准后，他回到家乡余姚，就在四明山上修筑了一个阳明洞。据说，王阳明在此修习神仙导引之术一个月之后，就能够预知未来。有一天，他对身边的童子说："有四位相公会来拜访，你到五云门去迎接他们吧。"童子将信将疑地来到五云门，果然看见王阳明的四位好友前来拜访。童子就说了王阳明特意派他前来迎接的事。这四个人都很惊讶，见到王阳明之后，问道："你怎么知道我们四个会来呢？"王阳明笑着回答道："只是心静的原因。"后来经常有人前来拜访王阳明，向他请教吉凶祸福，王阳明大多都能判断得准确。众人都夸赞他，以为是得道的缘故，但是王阳明说："这是颠簸精神而已，不是正道。"后来就不再做这种事了。

至此，王阳明接触佛教、道教，花费了很多精力，道教长生、佛国净土对他的吸引力的确很大，但是王阳明心里清楚，修习佛、道都要以抛弃家庭为前提，可是他内心始终割舍不下亲人们。经历了无数次思想徘（pái）徊（huái）之后，王阳明猛然醒悟：人与父母之情，是天然的情感，是从小就有的，如果真能割舍下，不就是自己的消亡吗？王阳明最终还是回归于儒家，这体现在他对一位僧人的点化上。

这一年，王阳明三十二岁，他又到西湖养病。他听说这里有个和尚已经坐关三年，整天都闭着眼睛静坐，不说一句话。王阳明来到这个和尚面前，大声地问道："你这个和尚整天嘴巴里说什么呢？睁着眼睛看什么？"和尚被这么一问，吓了一跳，一下子站了起来，睁开眼睛，看到了王阳明。王阳明直接问他："你是什么人，离开家乡几年了，你家里还有其他人吗？"和尚说："家里还有一个老母亲。"王阳明问他："还想念母亲吗？"和尚说："不能不想念啊。"于是，王阳明就讲起人与父母的感情是天然的，爱父母是人的天性，不是说断就能断的。你不能不想念老母亲，便是真性情的体现。虽然你成天呆坐着，但你的心其实越来越乱，古话说得好，爹娘便是灵山佛，不敬爹娘敬什么人呢？王阳明的话还没有说完，和尚便大哭起来，对他感激不已。第二天，寺内的僧人告诉王阳明，和尚一大早就收拾行李回家乡去了。

王阳明渐渐地领悟了佛教、道教的不足，开始投身儒家，追求圣贤之路。王阳明很幸运，第二年，山东监察御史就请他去做主考官，这一经历对王阳明来说是践行儒家思想的绝佳机会。

山东乡试主考官

明代巡按御史权重责大，代表天子巡狩地方，监督百官，直接向皇帝汇报。当时民间流传"御史出巡，地动山摇"。当时山东巡按监察御史是陆偁（chēng），他刚正不阿（ē），解决了监狱多年来悬而未决的疑案，是一位难得的好官。对于选拔人才的乡试，陆偁很重视，他久闻王阳明的大名，特派人前往京城，邀请王阳明出任山东乡试的主考官。

按照明代的规定，科举考试的主考官，大多是从京官中挑选。在王阳明的印象中，乡试主考官都是由负责教学的官员担任。王阳明当时是兵部主事，按理说是不能出任主考官的。可以看出，这次任命是一次打破常规的人事安排。这可能与王阳明当时的才子之名有关，乡试的主考官必须是文章写得十分出色的才子，这是条件之一。

1504 年秋天，王阳明来到山东。山东是孔孟之乡，能够出任山东乡试主考官，为国家选拔人才，对主考官本人而言是至高无上的荣耀。在主持山东乡试期间，王阳明拜谒（yè）孔庙、游历泰山，并作诗题词留念，这对王阳明来说无疑是一次精神洗礼。王阳明特别重视乡试人才的择选，他将所见所感记录在《山东乡试录》中。除了此次乡试中所出的题目和答案，王阳明还在《〈山东乡试录〉序》中叙写了山东乡试的一些实际情况，及对孔孟之乡文化的尊崇和向往，也真实地记录了山东学场的凋敝现状。通过《山东乡试录》，我们能够看到王阳明作为一名儒学家的远大抱负。

王阳明在主持山东乡试过程中，共出了十三道经义题、五道策论题，此外，论、表还各出一题。经义题选的大多是"四书五经"中跟当下现实相关的语句，策论主要是考查考生对当前社会问题的相应对策及对一些思想观念的理解，每一道题目都与如何建设国家息息相关。

经义题中，有一道是"不遑（huáng）启居，狝（xiǎn）狁（yǔn）之故"，这是王阳明针对当时边境不宁而出的题。在答案中，王阳明强调了边境之患是必须要防备的，那就难免有将士的戍（shù）边之苦；然后进一步结合实际理解诗义：将士不得休息，是保家卫国、抵御外侮；最后点明这句诗不仅表达了周王朝百姓戍边之苦，也表明了周王朝对外敌防御的严格周备。由此发出感慨，后世没有战事就懈怠，有了战事就慌张无措、防备不严，所以外敌困扰从未间断。这无疑是王阳明对当时明朝政府防御外敌现实的认识与建议。

策论题目是要求考生对当时流行的"佛老为天下害，已非一日"的观点进行探讨。佛老就是佛家和道家的概称。在答案中，王阳明论述了从佛老学说的主旨来看，它们并不存在弊害，只是人们在后来的学习和传承中，由于一些人为的错误，导致佛教与道教产生了弊端。佛老的确有些缺点，但只要切实了解圣人之道，自然就能够消除佛老思想中消极的一面。王阳明的论述很是稳妥恰当，对佛老的认识要比历代前人公允得多。王阳明在晚年时提出了以儒学为本、儒释道三教合一的理论，在此就已萌芽。

从这次乡试的题目及王阳明所做的答案中，可以看出王阳明强烈的家国意识，他极力宣扬儒家知识分子忧国忧民的社会责任，拳拳之心、殷殷之情溢于言表，让人动容。经过严苛的筛选，王阳明选取聊城东昌府人穆孔晖（huī）为乡试的第一名，而穆孔晖也终生追随他，后来成为最早在北方传播王阳明心学的代表人物。

王阳明是极为重视这次乡试主考的，担心自己能力不足，辜负陆偁的一番好意，还作诗来表达自己这一心情，其中有一句"徒知尽此心"，受人之托，当竭尽全力，可以说是至情至性的话语。陆偁推荐王阳明为主考官，自然也承担着一定的责任。王阳明怎么会让大家失望呢？后来人们称赞陆偁这次乡试的功绩："值大比，监理文场，聘王守仁主试，名士尽收，东人称科目之盛者，必推弘治甲子云。"意思是在科考这年，陆偁监督管理考场，还力主聘任王阳明做主考官，山东名士群英荟萃（cuì），这一年是山东考试选拔人才做得最好的一年。此次乡试，由于陆偁、王阳明等名流的不懈努力，贤才都归朝廷，山东考绩优胜。

王阳明主持山东乡试的前后这几年，也是他笃（dǔ）信儒学思想的时期。我们看到他对佛教、道教的反思，加上孔孟之乡的洗礼，最终坚定了他儒家的理想和成为圣贤的目标。同时，这也代表了王阳明在龙场之悟前对儒家的认识和造诣。

与湛甘泉的友谊

山东乡试之后，1505 年，王阳明作《赠阳伯》诗：

阳伯即伯阳，伯阳竟安在？大道即人心，万古未尝改。

长生在求仁，金丹非外待。缪（miù）矣三十年，于今吾始悔。

全诗的意思是：阳伯你现在的心思就是魏伯阳（东汉炼丹养生家）当年的心思，可是魏伯阳如今在哪里呢？天下至理大道就是人心，千百年来都不曾改变。长生不老在于觉醒的仁心，金丹不是外在可以追求的。我错了三十年，今天才开始悔改。

这一年，王阳明三十四岁，他经过之前多年的五溺，学习任侠、骑射、辞章、佛学、道学，开始真正地反思。他认为自己过去这也学那也学，但那些都不是他的人生使命，他真正的志愿其实一直都是小时候所说的——成圣贤。《赠阳伯》这首诗见证了他回归圣学的决心。

王阳明性格坚定，决心做什么事就必须得干好。当时的学子都是在文章、辞藻（zǎo）方面下功夫。王阳明开始倡导身心之学，希望能启迪大家的心智，树立做圣贤的志向。王阳明此时的学说渐渐地影响了一些人，有些人开始投身到他的门下，跟随他学习。王阳明也开始讲学，传播圣贤之学。但是并没有那么顺利，当时也有很多人对王阳明的新学说进行批判，认为王阳明提倡的和当下大家所尊崇的朱熹的思想不同，就是为了给自己博取声名。无论王阳明多么强大，仅凭一己之力，不可能逆转时代潮流，驱除数百年积累下来的学术弊病。

但有一个人，对当时记诵辞章的弊端看得清楚，也专心致力于身心之学。

他就是湛甘泉。

湛甘泉（1466—1560 年），名若水，字元明，号甘泉，世称"甘泉先生"。湛甘泉比王阳明年长六岁，比王阳明晚去世三十二年。湛甘泉二十七岁时，参加地方乡试一举成功，但由于他不喜欢做官，一直跟随明代著名学者陈献章研习儒学。后

来，湛甘泉又遵从母亲的愿望，进入国子监学习。

四十岁的湛甘泉考中进士，最初在翰林院任职，之后又出使安南。1515 年，由于母亲去世，湛甘泉回家乡守丧三年。守丧之后，湛甘泉在广东南海的西樵（qiáo）建造学院，招收门人弟子，传经授业。后来又出来做官，不久又辞职归乡。湛甘泉在很多地方都创立过书院，直到晚年仍坚持讲学，门人弟子满天下，据说多达四千。湛甘泉晚年身体硬朗，九十岁时还去游览南岳。

前面说过陈献章和娄谅是同门师兄弟，王阳明向娄谅请教，而湛甘泉是陈献章的弟子，王阳明和湛甘泉又在京城相交，共同倡导圣学，这不能不说是一段奇缘。

湛甘泉在结识王阳明之前，就提出了自己"随处体认天理"的学说。"随处体认天理"用现在的话来说，就是人们对天理的认知不受时间和空间的限制，即人在不同的环境中，随着身体与意念的内在变化及家、国、天下等外在环境的变化，要时时处处体会、实践自己心中的天理。

湛甘泉提出自己的学说时，本来以为恩师陈献章会批评他，没想到陈献章对徒弟大加赞赏，称湛甘泉的说法为"此乃参前倚衡之学"。

"参前倚衡"语出《论语·卫灵公篇》。子张问如何才能使自己的主张行得通，孔子回答说："言忠信，行笃敬，虽蛮貊（mò）之邦，行矣。言不忠信，行不笃敬，虽州里，行乎哉？立则见其参于前也。在舆（yú）则见其倚于衡也，夫然后行。"孔子的意思是：言语忠实诚信，行为笃厚恭敬，即使在荒山野岭，也能行得通。言语不忠实诚信，行为不笃厚恭敬，即使在本乡本土，能行得通吗？若想让自己的主张被他人接受，就要在站着的时候，仿佛看到"言忠信，行笃敬"就显现在眼前；坐车的时候，仿佛看到"言忠信，行笃敬"就刻在车前的横木上。只有达到这种程度，才能行得通。陈献章称赞湛甘泉的学问为"参前倚衡"之学，实际上也就是称赞他的学问重在实践。

王阳明最初和湛甘泉会面的时候，对心学的认识还不是十分深刻。虽说王阳明的心学没有严格的师承关系，但它是以自己的感受、体悟为主的学说，这与湛甘泉的学说原理相似。两人一见如故，意气相投，那也是必然。据说两人都称赞对方"此等人物，未曾遇见"！两人共同发誓要为复兴圣学而努力。

1506年，王阳明因仗义执言，被贬谪（zhé）到贵州龙场。临别前，湛甘泉赠诗九章，王阳明作八咏以答，依依惜别之情，溢于言表。

1510 年，刘瑾倒台，王阳明于这年十一月从江西返京，与湛甘泉暂居大兴隆寺，在这里讲学切磋。当时王阳明刚与黄绾（wǎn）相识，他将黄绾引见给湛甘泉。三人朝夕相处，定下共学之盟，问学论政，感情极好。

次月，黄绾、湛甘泉两人得知王阳明即将升任南京刑部四川清吏司主事，他们俩不愿让王阳明离开，为了有更多相聚论学的机会，就向当时的首辅杨一清求情，希望将王阳明留在京师，最终得到杨一清的同意。王阳明这才得以在工作之余继续讲学。当时，湛甘泉居住在京城长安灰厂，王阳明就在这里选址与他比邻而居。后来，朝廷任命湛甘泉去安南国。王阳明作了《别湛甘泉序》和《别湛甘泉》诗二首相赠。王阳明、湛甘泉两人这一时期前后共处一年多，这是他们一生中相处最久的一段时光，不仅比邻而居，而且退朝之后还一起吃饭喝酒，切磋讨论心性之学，结下深厚的友谊。

湛甘泉出使安南，直到 1514 年春夏间才回到京城。第二年，湛甘泉母亲去世，王阳明前去吊唁（yàn）。湛甘泉守孝期满，并没有马上返回朝廷，而是进入西樵山建书院以讲学为业，直到 1522 年才回朝复官。这段时期，王阳明、湛甘泉只见过三面。在两人分别的日子里，他们不断有书信往来。王阳明还推荐徐爱、蔡宗兖（yǎn）、朱节等学生，在进京应试时，务必要去拜访好友湛甘泉。此外，他还亲自执笔为湛甘泉父亲、母亲撰写墓志碑文。可见，被人视为"目空千古"的狂人王阳明对这位朋友是何等的推崇与钦佩。湛甘泉在增城创立第一间书院"明诚书院"，就将自己的《心性图说》与王阳明的五言古诗并列挂在堂中。

1528 年，王阳明离世前夕，他以抱病之身途经广州增城，专程前往湛甘泉的家探访。湛甘泉当时正在南京吏部右侍郎任上，王阳明留下《题甘泉居》《书泉翁壁》两首诗，题写在湛甘泉家的墙壁上，表达对好友的深切思念。王阳明去世后，湛甘泉为他撰写了《阳明先生墓志铭》《奠王阳明先生文》等，赞扬王阳明的事迹，追述两人的友情。

王阳明与湛甘泉的学问虽然是相互促进和影响的，但湛甘泉提出自己的思想在先，而王阳明则是在与湛甘泉相识后才提出自己的心学思想。从总体上说，湛甘泉对王阳明的影响要大些。尤其是在王阳明思想的转折期，湛甘泉给了方向性的指引，王阳明也承认自己的志向和所学都得益于湛甘泉。

王阳明与湛甘泉都是当时著名的心学领袖，同时讲学，后来各立门派。王阳明的主旨为"致良知"，而湛甘泉的主旨为"随处体认天理"，两人分别创立阳明学派和甘泉学派，就像"双子座"，巍然屹立在明代思想史上。王阳明与湛甘泉并不因主张不同而影响交情，他们在二十多年的交往过程中学问相长，相互支持、欣赏、唱和，在学术史上难得一见，可见两人人格的高洁。

王阳明还有很多朋友，他是如何看待朋友的呢？

王阳明曾经说过："学问之益，莫大于朋友切磋，聚会不厌频数也。"也就是说，朋友间应当时常聚会以探讨学问。王阳明在给弟弟守文的书信中曾详细描述朋友对于学问进益的重要作用：立志是为学的第一步，但志向确立后，如果独自钻研学问，没有朋友的监督、切磋砥（dǐ）砺（lì），是很难坚定地走下去的，更不要谈精进了。可见，王阳明认为朋友间的相互激励、相互探讨，是做学问非常重要的方式，更是做学问的功夫。这样做有两种好处：其一，可以克服自己的私心，排查自己的过错；其二，可以加深对圣学的体察与理解。

王阳明认为，圣贤之学的传播更离不开朋友的共同协作，需要凝聚力量进行讲学活动，加以弘扬。王阳明说："诚得弘毅如执事者二三人，自足以为天下倡。"意思是如果能有刚强、勇毅的朋友两三人，圣贤之学就可以传扬天下。王阳明也说："思得天下之豪杰相与扶持砥砺，庶几其能有成，故每闻海内之高明特达，忠信而刚毅者，即欣慕爱乐，不啻（chì）骨肉之亲。"意思是如果能够有出色的人物一起努力向前，那是多好的事情呀，与亲生手足是一样的。这些话，都可见王阳明对结交志同道合的朋友的急切盼望之情。

无论是立志、做学问、成圣贤，还是思想的传播，王阳明都提出要有志同道合的朋友相伴和支持。王阳明的友情观是彼此成就，提高境界。王阳明去世后，心学的传承者也是彼此合作，扩大讲学活动，增强心学的影响力。阳明心学在明代中后期的大规模传播，离不开志同道合之人的共同努力。王阳明的友情观除了致力于圣学，还有朋友日常相处之道是谦虚内敛，注重发现自己的问题等。

王阳明与好友湛甘泉的故事，还有他的择友观，值得我们思索。

威宁伯

爵位名。明朝爵位分为公、侯、伯三等。封爵的除了外戚，就是功臣，并规定："凡爵非社稷军功不得封，封号非特旨不得予。"而且只有爵号和食禄，并无封邑。书中提到的王越即是因战功卓越而被封威宁伯。

不遑启居，猃狁之故。

意思是没有时间安居休憩，因为要与猃狁打仗。出自《诗经·小雅·采薇》："采薇采薇，薇亦作止。曰归曰归，岁亦莫止。靡室靡家，猃狁之故。不遑启居，猃狁之故。"这是一首戎卒返乡诗，描写了艰辛的戍边生活和强烈的思乡之情。

国子监

始置于晋，初名国子学，隋炀帝时改为国子监。明代国子监规模宏大，在南京与北京分别设一监，是当时中国最高学府和最高教育行政管理机构。在国子监读书的学生称为"监生"，大多都是各省选送的优秀生员，当然也有靠祖上官位或捐纳财物入监的，还有一些外国留学生。

三

被思想照亮的夜晚

王阳明入狱前后

王阳明与朋友们在京师的讲学活动进行得如火如荼（tú），与此同时，王阳明也逐步建立自己的学说。王阳明意气风发，未来无限光明。这个时候，命运和王阳明开了一个玩笑，而这个玩笑成就了王阳明，也影响了世界。

廷杖四十

正德皇帝朱厚照（1491—1521 年）耽于玩乐、不务正业、性情暴躁、奢华荒淫、刚愎（bì）自用，总之是个很不像样儿的皇帝，宠幸以刘瑾为首的"八虎"太监集团。皇帝不好好干活，刘瑾就趁机把持朝政，一手遮天，打压异己，敢于直言进谏的忠臣或被罢官，或被流放，或被捕入狱，或被廷杖，甚至被诛杀。多数官员为了身家性命屈服于刘瑾恐怖的压制，敢怒而不敢言；有些投机分子为保全自己的官位就投靠了刘瑾；还有一些忠直刚毅之士冒着生命危险与刘瑾坚持斗争。

1506 年，戴铣（xiǎn）、牧相、薄彦徽等一些官员，给皇帝上书要求严惩刘瑾，这道奏疏岂能越过刘瑾直接到皇帝手里？刘瑾看到奏疏后，就假传圣旨，缉拿二十多人入狱。这时候，王阳明挺身而出，上书《乞宥（yòu）言官去权奸以章圣德疏》，这份奏疏照样落入刘瑾之手，更加激怒了他。

次月，王阳明被打入锦衣卫大牢，新年也是在牢狱中度过的。在牢狱中一个多月的时间里，王阳明作了《狱中诗十四首》，留世的仅有八首，描写了他在监牢里忍饥受冻的凄惨景象。但入狱不久，王阳明很快就结识了两三位志同道合的友人，他们在一起讲学论道，忘记了眼前残酷的现实，日子过得倒也充实。在前往龙场之前，王阳明还特意作了一首诗《别友狱中》，与狱友告别，其中写道："累累囹（líng）圄（yǔ）间，讲诵未能辍。桎（zhì）梏（gù）敢忘罪，至道良足悦。"王阳明已不在意此时此地的处境，大牢也成了他传播圣贤之学之处，并且心中充满愉悦之情。最后一句，王阳明写道："愿言无诡随，努力从前哲。"表达了自己依循正道，不迎合时世，渴望追随圣贤的心愿。

十二月二十一日王阳明出狱，在午门前受廷杖四十，差点儿被打死，贬谪贵州龙场做驿丞（chéng）。贬谪是指古代的官吏因为过失或者犯罪，而被降职或流放到边远的地方。

当时王阳明的父亲王华还在礼部任职，也在京城。听闻王阳明被贬谪到龙场的消息后，王华反倒非常高兴，对他人说："吾子得为忠臣，垂名青史，吾愿足矣！"意思是说我这儿子，是忠臣，名垂青史，我的心愿就实现了。王华期许的是儿子品行高洁、忠诚家国，名垂青史。这样的父亲、这样的期许，也是成就王阳明的一个重要原因。

1507 年春天，王阳明离开北京，前往贬谪之地贵州龙场。这年，王阳明三十六岁。

在前往龙场途中，王阳明病情加重，他沿运河南下先到了杭州。他想在杭州先疗养一段时间，等养好身体之后，再前往龙场。当王阳明乘坐的船只抵达杭州北新关时，他的弟弟们一起前来迎接。能够在有生之年和他们再次相见，王阳明非常高兴。数年前，王阳明曾在西湖疗养过。当时，他经常前往南屏山游玩，所以这次他也特意选在位于南屏山北麓的净慈寺居住，从春天一直疗养到夏天。

刘瑾得知王阳明在前往龙场之前要先到杭州养病，就派刺

客去刺杀他，王阳明只得在钱塘制造投江自尽的假象，最终虎口脱险。

王阳明的弟子们听说老师投水自尽了，悲痛不已，只有徐爱不相信王阳明已死，他说："先生必不死。天生阳明，倡千古之绝学，岂如是而已耶！"意思是说先生不会死的，先生此生要倡导身心之学，不会就这样死去。

徐爱是谁呢？

徐爱，是王阳明的同乡，也是他的妹夫，比他小十六岁。徐爱是王阳明最早的入室弟子。王阳明最初讲学的时候，从各地踊（yǒng）跃前来听讲的人不少，但能够真正理解王阳明所讲的内容，并且把圣学当成自己一生追求的人却很少，徐爱就是这极少数人之一。徐爱在二十岁时，就立志要做圣贤。在王阳明出狱后去杭州前，徐爱赶来拜王阳明为师。对王阳明来说，这是人生最黯淡时刻难得的一丝温暖和鼓励。

当时，很多人都不认可王阳明的学说，徐爱信服王阳明，也能很好地理解他思想的核心，这一点王阳明的很多弟子都比不上他。1512年冬天，徐爱到南京任职，和王阳明一道乘船回家乡余姚探亲。在船上，王阳明讲解了《大学》的主旨，徐爱听了兴奋不已，竟然手舞足蹈起来，可见徐爱的向学之心和赤诚之心。徐爱学识渊博，为人平和纯朴，王阳明称赞徐爱："曰仁，吾之颜回也！"说徐爱像颜回。王阳明赞许徐爱的性情温恭，还说这点是他赶不上的。

可惜，徐爱英年早逝，三十二岁就离开了人世。徐爱去世后，王阳明好几日吃不下饭，悲恸（tòng）不已。此后只要听到有人提起徐爱，他就哀痛不止。有一天，王阳明讲完课，忽然慨叹说："怎么才能让徐爱回来呢，我想再听他说说话。"然后就带着弟子们去给徐爱扫墓。

徐爱对于王阳明来说更是朋友，徐爱对王阳明不会离世的判断也是准确的，可见知己间的惺惺相惜。

奔赴龙场

成功骗过刺客之后，王阳明上了船。经过舟山时，忽然狂风大作，吹动船帆，一夜之间，船就到了福建。王阳明上岸之后，走了数十里山路，想到一座寺庙投宿，却被拒之门外。王阳明就在附近找到了一座破庙，住了下来，疲倦至极的他倚靠着香案就睡着了。其实这座庙是老虎的聚集地，夜半时分，老虎回来了，但是一直绕着寺庙大吼，竟然不敢进庙。第二天，把王阳明拒之门外的僧人来破庙打扫战场，原来这个恶僧知道这里住着老虎，老虎会把人吃掉，他是来敛财的。他进门后大吃一惊，王阳明正安然入睡。恶僧一看，这是神人呀，就连忙邀请王阳明到自己的寺庙歇脚。王阳明入庙之后，竟遇到了当年铁柱宫的道人，真如道人的预言，他们二人又相遇了。王阳明高兴极了。临行的时候，他信心满满地在寺院的墙壁上题诗：

险夷原不滞胸中，何异浮云过太空。

夜静海涛三万里，月明飞锡下天风。

王阳明在诗中抒发了自己的凌云壮志：一切艰难险阻，在我看起来，就如天上飘浮的一朵朵白云，不应停滞于心中，而天空的颜色是洁净湛蓝的。夜深人静时，我思考着国家的命运，思考着自己的人生经历，大起大落，如海中波涛一般。我将乘着天地的正气，保持着光明的心地，去接受人生中各种艰难险阻的考验。

王阳明的心学思想，后来解放了无数人的心灵，但要解放世人，首先就要解放自己。海上波涛汹涌、巨浪滔天，只要心不为所动，那这点风浪又算什么呢？世间的一切艰难险阻，王阳明已经不放在心上；世间的万物变化，也不过似浮云掠过长空，根本就不会在王阳明心中留下痕迹。这种心境的超越，是完成了人与自我的和解、与世界的和解，这是王阳明的大智慧。

王阳明当即下了武夷山，先去南京看望了父亲，再到家乡余姚拜别祖母。这期间令他慰藉（jiè）的是，妹夫徐爱带着好友蔡宗兖、朱节来了，行了拜师之礼。王阳明匆匆上路，写了《别三子序》。王阳明从江西至湖南奔赴贵州。

贵州龙场迎接王阳明的将是什么呢？

万里投荒的艰辛

王阳明于 1508 年到达贵州龙场，当时的龙场位于距离今贵阳西北七十里外的修文县龙岗山下。贵州在 1413 年才正式建省，此前一直是蛮荒地带，中原王朝都懒得管理。1384 年朝廷为了方便公文传递、粮食运输等，才开始在龙场设置驿站。由此可见龙场在当时是偏远至极，人迹罕至。

龙场的自然环境极为恶劣。它处于万山包围之中，荆棘丛生，蚊蝇群舞，毒虫蛇蟒随时出没。这都不算是可怕的，最可怕的是，这里瘴疠（lì）流行，古人都称这样的地方为"瘴疠之乡""蛮瘴之乡"。瘴疠是一种传染病，主要传播途径是瘴气。瘴气是热带森林里动植物腐烂后生成的毒气，蛮荒之地没有人及时处理动物尸体，加上热带气温过高，雨季又多，瘴气就越来越重。龙场这样的蛮荒之地，很少有人居住，更加大了这种毒气的产生。人如果穿梭在密集的雨林之中，周围是致命的细菌沼泽，就特别容易患上疾病，加上传染性又强，最后演变成令人恐怖的"瘴疠"了。外来的人，尤其是北方人，到了这里，非常容易水土不服，甚至可能一命呜呼。龙场路边白骨和坟墓随处可见，一片荒凉萧瑟的景象。

因为王阳明是有罪的人，所以不能住在驿站里。王阳明只好和随从们先盖了个草庐，但是雨水越来越大，将草庐冲刷得泥草俱下，草庐内的积水都成了水洼，根本无法居住。王阳明又找到了一处山洞，大家都很高兴，可以不再受雨水淋打之苦了。可是，他们缺少经验，没有在洞门口安上门。一天晚上，一头熊趁大家熟睡的时候，把一个随从的半边脸舔了个干净。

住得差也就算了，生活也没有保障，可以用"六无"来概括：无米、无菜、无盐、无油、无火、无水。

王阳明从京师繁华之地来到这荒凉死地。一个锦衣玉食的富家子弟，竟然遇到了最大的生存困境，要如何活下来？

那么，王阳明究竟怎样挺过来的呢？这在他的千古名篇《瘗（yì）旅文》中可以找到答案。

1509 年秋，王阳明从篱笆里望见，有一位来自京城的官员路过龙场，到一户人家借住，应该是要到更远的地方去，随行的还有他的儿子和一位仆人。王阳明想向他打听北方家乡的情况，可是当时下着雨，一片昏黑，没能上前打听。第二天早上王阳明派人去打听，可是三人已经上路了。快到中午时，有人从蜈蚣坡路过，说有个老人死去了，王阳明知道，应该是那位官员倒下了；当天傍晚，他的儿子也去世了；到了次日早上，连仆人也去世了。官员这一行人的一连串噩耗，让王阳明既惊愕又悲痛，于是他带着仆人一同前往蜈蚣坡，为这三人入殓（liàn），并写下了一篇祭文，这就是被纳入《古文观止》的千古名篇《瘗旅文》。

王阳明在文中表达了对这位官员遭遇的忧伤。其中一段写道："我不来安葬你们，山崖上的狐狸、蟒蛇都能把你们的尸骨葬入腹中，而且你们也不会感到痛苦，你们已经没有知觉了，但是我怎么能安心呢？我离开家乡，到这个地方，已经有两年了。在这样毒气弥漫的地方，我能活下来，是因为我没有一天是不高兴的。我今天这么悲伤，是我一想到你们心情就太沉重了。我不应该为你们再悲伤了。"

在王阳明看来，自己之所以来龙场两年都没生疾病，关键是始终保持着积极乐观的心态。王阳明初到龙场，一个手不提篮肩不担担、锦衣玉食的书生，面对这艰难境地，也曾用诗歌抒发过内心的悲戚。但从这篇文章来看，王阳明对于生死荣辱已经不放在心上了。这是因为王阳明此时已经经历了他生命中最重要的一个夜晚，也是中国思想史上一个重要的夜晚。

龙场顿悟的夜晚

在龙场绝望的境地中，在恶劣的生活环境下，王阳明已经将荣辱置之度外，但是关于生死，似乎还没有完全看淡。同时，王阳明也常常问自己：如果圣人处在我这样的环境之下，会如何做呢？

他给自己打造了一个石椁（guǒ），躺在里面亲身体验死亡的感觉，感受接近死亡的临界状态和生死边缘的状态，他要在这种极致的体验中，审视生命的价值，等待天地的启示。他发誓说："我就要等待天命。"王阳明所说的等待天命，不是消极的、绝望的，而是积极的、坚定的，是从现实出发，也就是从命运出发，去寻找超越现实的道路。

日复一日地体验，渐渐地，王阳明的心里敞亮起来，胸中开阔起来。

而这时，跟随王阳明的仆人们都病倒了，他就砍柴打水、煮粥煎药，服侍仆人们喝下去。为了调动大家的情绪，他教仆人们歌诗、唱曲，还给他们讲笑话，鼓励他们振作精神。

有一天夜里，王阳明躺在石椁里，朦朦胧胧中听到好像有人和自己说话，随即他发狂般地欢呼雀跃起来，把仆从们都惊醒了。王阳明恍然顿悟："圣人之道，吾性自足，向之求理于事物者误也。"意思是说原来圣人之道蕴藏在每一个人的心中，我们的心就是自足的，一直以来大家所用的向心外求理的方法是错误的。

这就是后来如雷贯耳的"龙场顿悟"。现在想来，那个夜晚，王阳明的心一定如云开雾散，豁（huò）然见到耀眼阳光，一片光明。

这个夜晚，是王阳明永远的精神记忆，是他的精神情结，在他后来与学生的交流和著作中都多次谈到龙场顿悟的夜晚。此后，王阳明坚定地认为，天下没有心外之事、心外之物，一切外物都是心灵感应的结果，没有一个心灵之外的世界需要我们去认知。

龙场顿悟后，王阳明对得失荣辱、生死之念的疑问全部都解决了。他把自己的体悟和"五经"——《周易》《尚书》《诗经》《春秋》《礼记》，一一对照、印证，发现非常契合，因此又写了

《五经臆（yì）说》。

1508 年，三十七岁的王阳明在龙场顿悟，这是他学术思想、生命体悟上的一个分水岭，由此王阳明开始走上圣学传播的道路。但是，这条道路绝非坦途，这从王阳明后来的学问思想的变化中也能看出来。

对于王阳明来说，龙场顿悟是其思想和哲学的根本性转变，是一次带有质变意义的精神新生。对中国古代思想来说，是一次思想的转向，由理学转向心学。

这样的夜晚是光明的夜晚，也是思想世界的重要夜晚。

龙场顿悟之后，王阳明走出了精神的困惑，心境轻松明媚起来，开始陶醉于凡常生活，逍遥于山水林泉之间，没有一点儿哀怨情绪了，他已经摆脱个人得失和生死束缚，徜（cháng）徉（yáng）于一种心无挂碍、任性逍遥的自由世界之中，开始走上发展心学的道路。

渐渐地，王阳明的品德、言行感化了龙场的百姓，他们和王阳明亲近起来。王阳明也积极地学习当地语言，努力和大家交流。当时王阳明住在石洞中，潮气较重，对身体健康不利，当地百姓提议他搭建小木屋。在众人的帮助下，不到一个月小木屋就竣工了，取名为"何陋轩"。之后，王阳明又在何陋轩的前面建了一座亭子，在亭子周围种上了竹子。在中国的传统文化中，竹子的干、枝叶和风姿等代表了君子的四大美德——君子之德、君子之操、君子之时和君子之容，所以竹子又被雅称为"君子"。王阳明特意给此亭取名"君子亭"，还写了一篇《君子亭记》。

接着他又建造宾阳堂和玩易窝，宾阳堂位于君子亭南侧，坐西朝东，为王阳明的迎宾处。王阳明为何给此堂取名"宾阳"呢？"宾阳"出自《尚书·尧典》中的"寅宾出日"句，意思是向东方日出的方向行礼，谦虚谨慎，勤奋不懈，努力使自己成为一名君子。据《玩易窝记》载，王阳明在龙场的一处山麓挖了个洞穴，把它改造成居室，自己在里面读《周易》。自从王阳明被刘瑾投入监牢之后，他就时常阅读《周易》，他的龙场顿悟应该和研读《周易》有很大关系。

在王阳明落难的日子里，有些势利小人便乘机欺负他，贵州巡抚王质派人来到龙场来羞辱王阳明。官差的粗暴惹怒了当地人，他们一起将其打跑。官差回去告状后，王质大怒，立刻下令给贵州负责兵备的官员毛科，要他通知王阳明，说这件事的影响极其恶劣，如果王阳明肯向王质道歉，还有回旋的余地，否则，王阳明罪不可赦。毛科是王阳明的浙江同乡，他赶紧写了一封信给王阳明，劝他去向王质赔罪，息事宁人。王阳明义正词严地拒绝了。给毛科的回信中他陈述自己无罪的理由和立场：本地的百姓不会无缘无故打人，是那群官差先动的手。即使那群官差是王质派来的，但王质和我并没有任何关系，我为何要向他道歉？如果王质非揪住这件事不放，那请你替我转告他，我在恶劣的龙场什么都遇到过，几乎一天要死三次，再大的事对我来说也不过是虫豸（zhì）。我虽然是被流放的官员，也应该受到应有的尊重，人人都有尊严。

据说王质看了这封并非给他的信大为震惊，毛科收到王阳明的回信后，亲自去了一趟龙场。一见到王阳明，就被他的人格魅力所折服，他马上就明白了这件事的是非。于是毛科极力在中间调和，平息了这件事。

这期间与王阳明交往较多的还有一个人——安贵荣。安贵荣是什么人呢？

明朝对边境和少数民族地区的管理，有两种方法：一种是由朝廷派遣官员去管理；另外一种是用当地的豪族即土司来管理。土司出生于当地，因此又被称为"土官"。朝廷派到各地的官员，会经常调动，对地方的影响不大，"土官"是世世代代继承的，不仅有庞大的土地和人口，还有军队，实力非常强。比如叱（chì）咤（zhà）一方的贵州宣慰使安贵荣，他就管理着庞大的地盘。

安贵荣听说王阳明学问大又极聪明，就先派人送米送肉，还送金帛、鞍马等，王阳明都没有接受。有一天，安贵荣请教王阳明，他想减少贵州通往中原的驿站的数量，是否可行。王阳明说："你可别胡思乱想了，驿站是朝廷控制贵州的重要方式，你把驿站撤了，意味着你可能有二心，后果如何，自己想想。"安贵荣表示钦佩，照着王阳明说的去做了。王阳明说："其实你并不是按照我的说法做的，这个道理你心里早就明白了。"

的确如王阳明所说，安贵荣心里怎么能不知道呢？只不过他已经萌发了逆反之心，而且不可能在短期内发生转变。后来，贵州境内有两个少数民族首领叛乱，贵州地区本来就很贫困，如果战争持续，必定会给老百姓带来更大的痛苦。才到贵州不久的王阳明，面对战乱，心里想到百姓的疾苦，十分焦急。安贵荣作为贵州军事管理的一把手，却未派兵镇压。并不是安贵荣不知情，而是他在耍小聪明，希望贵州的叛乱能引起朝廷的关注，以抬高自己的地位和权力。王阳明察觉之后，就写信给安贵荣，陈述他这么做的利弊，迫使安贵荣放弃了谋逆的打算，

为大明王朝避免了一场刀兵之祸。王阳明修书止乱，一时间传

为美谈。

教化一方

王阳明一生之中，最喜欢在社会文化中去创造、去影响，去振奋人心，去教化一方。王阳明一般采取两种方法达成目的，讲学和创办书院，他在贵州做了很多这样的事情。

王阳明在贵州有过一段短暂的讲学生涯。首先是在龙场的龙冈书院进行的。所谓龙冈书院，其实就是当地人为他建的"何陋轩"那几间木屋。最开始来听讲的，是一些逃命到这里的中原人，他们听了王阳明讲说之后，很欣喜，收获也很多。渐渐地，当地人也来听他讲学，都听得乐津津。再后来，一些士人慕名而来，远的甚至跋涉上百里。

王阳明还定了《教条示龙场诸生》，相当于书院的学规，包括四大项，分别是"立志""勤学""改过""责善"。在"立志"条中，他写道：

志不立，天下无可成之事。虽百工技艺，未有不本于志者。今学者旷废隳（huī）惰，玩岁愒（kài）时，而百无所成，皆由于志之未立耳。故立志而圣，则圣矣；立志而贤，则贤矣。志不立，如无舵（duò）之舟，无衔之马，漂荡奔逸，终亦何所底乎？

王阳明在这段话里强调：志向不能立定，天下便没有可做得成的事情。各种工匠、有技能才艺的人，没有不以立志为根本的。现在的读书人，荒废学业，生活堕落，行动懒散，浪费时间，因此百事无成，这都是由于志向不坚定。所以立志成为圣人，你就能成为圣人；立志成为贤人，你就能成为贤人。志向不坚定，就像船没有舵，马没有环，随波逐流，不知道如何安定自己的心。王阳明在后面的文章中还告诫学生要正视自己的"良心"，振奋自己的精神。

自宋代以来，人们开始提倡做学问的目的是成为圣贤，但是最早强调做学问要先"立志"的人是王阳明，这也是王阳明学说的一大特色。

后来，毛科、席书等人邀请王阳明到贵阳文明书院讲学。在此，他提出了重要的"知行合一"的新理念。

通过在龙场、贵阳的经历，王阳明确立起其整个学说体系的基本精神。

那王阳明为什么会在龙场教学呢？我们来看他写的两首诗，都是写与学生在一起的讲学活动。其中一首写道："澹泊生道真，旷达匪（fěi）荒宴。岂必鹿门栖，自得乃高践。"（《诸生来》）意思是淡泊的生活才能让人悟出生命的真谛，不拘小节的洒脱并非不务正业。难道一定要隐居在鹿门？只要心情舒畅在哪里生活都一样悠然自得。另一首诗中写道："讲习有真乐，谈笑无俗流。缅怀风沂兴，千载相为谋。"（《诸生夜坐》）和学生们在一起，是真的高兴，谈论的都是高远的理想，这让王阳明怀想孔子当年与学生在一起的快乐，千年来竟然如此相像。这些诗点出了王阳明的讲学活动是要追寻儒学之道，超脱名利，他希望持有这样志向的学子能够到自己在龙场的茅草屋中，切磋琢磨，一起追寻圣贤之道。

王阳明的教学方式也很独特。他的讲学活动是不拘一格的，从不正襟危坐，或讲诵、讨论、静坐，或游山玩水、听风赏月、聚会饮酒、弹琴歌咏，不知不觉中点拨学生、教书育人。《诸生夜坐》就是王阳明和学生一起讲习的方式，他非常喜欢这种"随处点化人"的教学方式，并且终生都没有改变。王阳明之所以采取这种教学方式，与他以心学为宗的诉求以及他所经历的跌宕（dàng）起伏的生活有一定的关系。

王阳明有着超常的感化力。他在龙场顿悟的时候，情不自禁地手舞足蹈起来，足见他的真性情。王阳明在讲学的时候，一字一句都发自肺腑，是用生命的体认与感受引领人，而不是通过理论来说服对方。

王阳明认为：人人都可以被感化，这在他写的《象祠记》中有所体现。

象是谁呢？象是舜同父异母的弟弟，他多次设计，想杀死舜，可都被舜躲过去了。象是一个不尊敬不爱戴兄长的弟弟，后来被舜感化了，一心向善。舜继位之后，还给了象封地，让他治理一方百姓。象死后，当地的百姓为他建了祠堂，世世代代祭祀象。象祠原位于灵博山，受到居住在当地的苗族百姓的祭祀。到了明代，在任的官员接受了苗族百姓的请求，决定翻修象祠，于是委托王阳明为象祠作记。

王阳明在《象祠记》中说，百姓之所以祭祀象，是因为他被舜的高尚品德感动，其形象深入人心，其德泽流远长久。再有，象被舜感化了，在自己管理的地方能够任用贤人、善待百姓，象死了以后，人们怀念他啊。……人的本性是善良的，天下

没有不能够被感化的人。既然这样，那么唐朝人拆毁象的那座祠庙，是根据象最初的行为；现在苗民祭祀他，是信奉象后来的表现。……人即使跟象一样不善良，也能够改正；君子修养自己的品德，到了极点，即使别人跟象一样凶暴，也能够感化别人。

从这篇文章中，我们可以看出王阳明认为人人都是向善的。这是他教育的前提，是他对人的信念，也是后来他良知学说的出发点。

王阳明在龙场对于教育进行了思考，他认为教育应以人为主，而不是固守僵化的规矩。这在他的《重修月潭寺建公馆记》中有所体现，这是王阳明拜访月潭寺后写的一篇文章。月潭寺所在之处风景优美，但道路艰险，行旅非常不方便，旅客到这里来，都要在此留宿。此外，官府和苗族百姓每年还会在这里举行节日活动。随着时间的流逝，月潭寺渐渐荒废了。官员朱玑到了这里之后，喜欢这里的美丽景致，又怜悯行人的艰辛，再加上当地百姓的苦苦请求，于是决定重修月潭寺，并请王阳明书写了一篇记文。他在《重修月潭寺建公馆记》中写道："君子之政，不必专于法，要在宜于人。君子之教，不必泥于古，要在入于善。"这里王阳明讲，无论是教育还是管理，君子要以心化人，以善教人，而不要受一些固定的法规或者古人的讲法的束缚。王阳明强调要以人为主，要以向善为主。文中还举例，传说在尧舜禹时代，夜不闭户，路不拾遗，整个国家也没有太多的刑罚制度，但是人民在尧舜禹的治理下安居乐业。这就是人心向善的结果。

王阳明在龙场，教化百姓，敦促学生；与此同时，龙场百姓的关爱以及学生的到来，也使得王阳明能够在蛮夷之地欢欣度日。

读故事·学知识

如火如荼

原指像火一样红，像荼一样白。形容气氛热烈、场面盛大。荼（tú），一种茅草的白花。

出自《国语·吴语》，春秋末期，吴王夫差正率领军队进攻晋国，没想到越王勾践趁机偷袭了吴国都城姑苏，切断了吴军的退路。吴王震惊之余急忙召集众将商议对策，大家都认为应当立刻攻打晋国，然后再回师去打越王。于是，吴王下令，精选三万强兵，"万人以为方阵，皆白裳，白旗，素甲，白羽之矰，望之如荼。……左军亦如之，皆赤裳，赤旟，丹甲，朱羽之矰，望之如火。"意思是，每一万人组成一个方阵。中间方阵的士兵穿白衣白盔白甲，持白旗白弓，看上去像开满白花的茅草地；左边方阵的士兵，穿红衣红盔红甲，持红旗红弓，看上去像熊熊燃烧的火焰。然后连夜向晋国进发。天快亮时，晋军从梦中醒来，看见吴军的阵势都惊呆了。矰（zēng）：古代射鸟用的拴着丝绳的箭。

南屏山

南屏山位于杭州西湖南岸，因石壁如屏而得名。南屏山北麓的净慈寺是中国著名古刹。因寺内钟声洪亮、悠远，附近山谷河岸都能听到佛国清音，所以南屏晚钟成为西湖十景之一。《清明上河图》的作者、北宋画家张择端曾经画过《南屏晚钟图》，被收入明代吴允嘉的《天水冰山录》中。

石椁

石制的外棺。古人将遗体放入木质棺材后，再放入石椁中，可防止木棺腐烂。椁有各种不同的材质，椁壁四周还绘有精美的浮雕图案，象征着主人的尊贵身份。

路不拾遗

原指路上有遗失的财物，没有人拾取据为己有。形容社会风气良好。

出自《韩非子·外储说左上》："子产退而为政五年，国无盗贼，道不拾遗。"意思是，子产在郑国执政五年，国内没有盗贼，丢在路上的东西没人捡走。

四

重新出发

庐陵知县

王阳明在龙场度过了大约两年的艰辛岁月之后，终于迎来了告别谪居生活的时刻。

1509 年末，王阳明离开龙场。他出发时，龙场数千名官民前来送别，个个依依不舍。没人会想到，王阳明虽然离开了，但他对这里影响深远，直至他身后五百多年，亦不曾泯（mǐn）灭。

1510 年，三十九岁的王阳明在贵州多名官员的推荐下，被任命为江西吉安府庐陵知县。

龙场的艰难困苦是上天对王阳明的一大考验，他不仅很好地渡过了这一关，还在精神上获得了新生——悟出"格物致知"的本意，提出"知行合一"说。一个和以前完全不同的王阳明又开始走上从政的道路。

庐陵是一个怎样的地方呢？因为被连绵的丘陵包围，而且城池旁边还有一条庐水流过，因此取名为"庐陵"。庐陵是吉安府的驻地。从古至今吉安的文化氛围都非常浓厚，是江西比较昌盛的地方之一。从唐宋到明清，吉安中进士的有二三百人，其中状元就有十五位，爱国名臣和大儒学士更是层出不穷，因此吉安又被称为"文章节义之邦"和"理学之邦"。这里也是宋代著名文学家欧阳修、诗人杨万里、忠臣文天祥等人的故乡。

王阳明时代，当时的官员对这样一方水土的评价是"刁民太多"。王阳明的前任许县令任期没到，就辞职不干了，走的时候办公桌上还摞（luò）着上千份的诉状。庐陵城中告状的人如果对判审不满意，就会离开庐陵，去更高一级的官府上访。许县令每天都焦头烂额、疲惫不堪。他后来就用了高压手段，把这些告状的人关进监狱。可是，接着一群群的流浪汉来告状，他们想住进有吃有喝的监狱里。许县令干了三年，无计可施，只能请辞了。

许县令走了，王县令来了。

王阳明的心学有了用武之地。

王阳明到了庐陵之后，就琢磨为什么当地的百姓告状成风，按理说，百姓能安生过好日子就很满足了。他正思考着，一千多名百姓前来告状，其实就是来告诉新任县令：我们不会交葛布的税。王阳明认真调查之后发现，这项税收的确不该交。

他就和上级斡（wò）旋，为百姓争取利益，最终这项税收取消了。

王阳明的这一举动，是真心为百姓着想，庐陵百姓感激涕（tì）零，由原来对官府的抵触转变成了对官府的信任。接下来，王阳明抓住机会采取了两项重要的措施。

首先，王阳明给庐陵百姓写了一篇《告谕庐陵父老子弟》的文告，开篇即大喝一声："庐陵文献之地，而以健讼称，甚为吾民羞之!"庐陵这么好的地方，名人辈出，但是现在却因为百姓喜欢告状而出名，我真是替你们感到羞愧呀。接着王阳明又与百姓约法三章："因为我身体不好，体弱多病，所以从今以后，不是人命关天的大事，不得告状。如果非要告状，那就必须做到：一次只能上诉一件事，内容不得超过两行，每行不得超过三十字。如果谁违反了这一规定，还来递状纸，我就重罚谁。"这个条款一出，吓坏了那些告状的人，过去告状随便告，像玩儿似的，不高兴了就去告个状。现在告状有风险了，谁还敢轻举妄动呢？这个文告起到了很好的震慑（shè）人心的作用。

当时，庐陵县内发生了严重的瘟疫，很多老百姓因为害怕自己被感染，在亲人得病之后，不仅不给他们治病，甚至不给病人吃饭，瘟疫竟然导致很多人被饿死。王阳明赶紧又写了一篇感人肺腑的文告。疫情中庐陵百姓的所作所为，让王阳明意识到，思想与道德是重要的问题，要唤醒民众，还要采用一些办法，于是王阳明采取了下一项措施。

第二，王阳明恢复了"申明亭"和"旌（jīng）善亭"。"申明亭"和"旌善亭"是明初民间设立的机构，前者是由各地的德高望重者来裁决和调解本地的案件和争端，凡是因为偷盗、斗殴、奸淫等恶劣行为被官府定罪的人，都要在"申明亭"上公布名字，让家人和邻人引以为耻；后者主要用于表彰本村的好人好事，凡是热心公益事业、乐于助人、奉公守法、积德行善的人，都在"旌善亭"张榜表扬，让家人和邻人引以为荣。

王阳明还谨慎地选择"里长三老"。里是为地方管理方便设置的单位，里要选出里正，或者里长；三老相当于一个地方的大家长，要德高望重、品行高洁，人们发生冲突矛盾时，三老做评判，调解纠纷。王阳明选出得力的里长，管理好一里的百姓；选出众人信服的三老，减少百姓告状。这些措施，缓解了矛盾，提高了解决问题的效率。

王阳明通过唤醒百姓的向善之心、道德之心，再加上有效的管理方法，扭转了地方风气。

百姓能被唤醒，除了恩威并施，还要执政者真心为百姓着想。王阳明心中有百姓，自然就做到了。

王阳明在庐陵上任之后，赶上大旱，连续几个月没有下雨，他向山川天地之神明请罪，每天吃斋，同时停止征收赋税，释放轻罪的人。一个多月后，天降雨露。

一次，庐陵城内发生大火，一千多户百姓的房屋都被烧毁了。当时有人传说王阳明在火灾现场向上天祈祷，不久风向就改变了，这才使得大火熄灭。王阳明心疼百姓，悲恸万分。他彻查了发生火灾的原因，原来庐陵的房子都是用木料所建，而且道路狭窄、房屋密集，容易发生大面积火灾，于是他决心系统地规划城区。王阳明下令拓宽街道，为临街的巷道砌上砖面，很好地预防了火灾的发生。

在庐陵，王阳明一共发布了十一道告谕。他还在公文中向朝廷详细地描述了庐陵县民众的贫苦状况，请求免除当地的赋税杂役。王阳明还严禁庐陵县的驻兵借搬运食粮之际，趁机向老百姓征税，同时还采取了一系列措施来协调粮食的流通，促进军民团结。由于这些举措得当，县内的诉讼事件越来越少。

当时，由于官员对百姓的管理不得法，再加上民间缺乏防御，庐陵县内盗贼横行，百姓苦不堪言。王阳明和里长三老们商量之后，决定在当地实行保甲制度。"保甲法"是宋代王安石创建的一种自治制度。保甲是一种地方性的自卫组织，十家一保，各保设保长，保中年轻人都配备弓箭，还要利用农闲时间进行军事训练。王阳明当时在庐陵采用的就是王安石制定的"保甲法"。一旦盗贼来袭，各保相互救援。这一措施，有效地保障了百姓的平安。

王阳明治理庐陵的时间不足七个月，政绩已然非常显著，这与他把百姓放在第一位是密切相关的。古代公堂和官员出行的队伍中，常常可以看见两块红底黑字的虎头牌，上面写有醒目的大字——"肃静""回避"。王阳明在任庐陵县县令时将"肃静""回避"两个词改为"求通民情""愿闻己过"八个字。"求通民情"是把体察民情、心系百姓当作为官的首要职责，"愿闻己过"是把倾听百姓的心声、正视自己的过错当作为官的重要品德。这副意味深长的八字联，被许多后世官员作为自己为官一任、造福一方的座右铭。王阳明对庐陵的很多治理方法也被后来者一直沿用。现在我们去吉安，会看到许多小学、中学、道路和商店等都是用王阳明的名字来命名的。

王阳明在庐陵依然不断地传播自己的思想。他和弟子聊天的时候讲到，很多听课的人都认同我的知行合一，却还是以科举做官为目的，很少人愿意体会做圣贤的滋味。因为他们追求的是做了官之后的无上权力、荣华富贵，根本没有体悟到心灵自由才是人生的真谛。可见，王阳明对自己学说传播的现实土壤认识得很清楚。

当王阳明在庐陵大展身手的时候，刘瑾于 1510 年以谋逆的罪名在北京被凌迟处死。刘瑾一死，王阳明就真正翻开了新生活的篇章。此后，王阳明为政、治军的方式都是攻心为上，感化为先，有四两拨千斤之感。

回京的日常生活

　　王阳明从 1510 年回京到 1512 年离京，两年的京师日常生活是如何度过的呢？

　　王阳明离开庐陵进京朝见，到京后在兴隆寺等待任命。这期间，在好友储柴墟的介绍下，黄绾特意前来拜访他。

　　黄绾（1477—1551 年），是《阳明先生行状》的作者，也是王阳明弟子中第一流的人物。著有《四书五经原古》《明道编》《石龙集》《石龙奏议》《思古堂笔记》等。黄绾曾经在紫霄山中刻苦研习十多年，学有所得。

　　黄绾比王阳明小八岁，他听说王阳明是一位追求圣贤之学的学者，而不是只知道修习文字、文章之学，就特意前来拜访。其实黄家和王家从祖上开始关系就很好，但黄绾对王阳明的学问一无所知。

　　这是两人第一次见面。一见面，他们就谈起了"立志"。王阳明鲜明地亮出了自己的观点：人不怕没有功劳，就怕没有志向。在王阳明看来，只要"立志"，就不需要再去考虑是否努力实行或者能否取得成果，因为一旦"立志"，自然会朝着目标努力，也自然会取得成果，所以说"立志"非常重要。王阳明"立志"说的基础是，所有的事物都可以归于自己的"心"，只要相信"心"的力量，任何目标都可以实现。

黄绾说自己每日都静坐修习宋代大儒们的学说，王阳明了解黄绾注重实践的学风，就决定和他结为盟友。黄绾遇到王阳明后，逐渐转变了做学问的方向，1522年，黄绾拜王阳明为师。

1511年，王阳明做了会试考官。当时会试的第一名是邹东廓，后来成为王阳明的高徒之一。

邹东廓（1491—1562年），名守益，字谦之。邹东廓之后参加殿试取得第三名的好成绩。后来宁王朱宸濠之乱，就是邹东廓陪同王阳明去平乱的。1524年，朝廷爆发了争论明世宗生父兴献王尊号的事件，史称"大礼议之争"。邹东廓因为反对明世宗的主张而被打入大牢，然后被贬谪，后来官复原职，不久又被夺去官职，晚年他致力于讲学授业。邹东廓是王门三派中的"江右王门"，很好地传承了王阳明学说的主旨。

王阳明在担任会试同考官时还选取了南元善（1487—1541年）。南元善二十岁时因为擅长古文而闻名家乡，后来立志追求圣贤之学，慢慢放弃了辞章之学。他性格狂放，不拘小节，追随王阳明后，特别重视实践的功夫。现在传世的《传习录》中卷就是南元善编纂（zuǎn）的。

王阳明的弟子中有一位特殊人物，他就是方献夫。1512年，王阳明升任吏部考功清吏司郎中，方献夫也在吏部。他与王阳明多次交谈后，感触颇深，于是向王阳明行弟子礼。可见，王阳明的感化力是多么大，方献夫是多么虚心向学。但是，方献夫身体不太好，因病辞职返乡，就在西樵的山中苦读，创办书院，宣扬心学，交游问道。复出几年后又辞职，最后在家中休养，十年后去世。

当年王阳明的周围聚集了大批弟子，有穆孔晖、顾应祥、郑一初、方献夫、黄绾、徐爱等。当他们了解了王阳明所提出的新学说后，无不欢欣雀跃。这些人中，有的在王阳明回京之前就已经师从他，还有的离开了他。

在京师生活期间，王阳明也经历了与挚友的分别。

1511年，朝廷下令，湛甘泉出使安南。在京城期间，虽然经过王阳明、湛甘泉的努力，复兴圣学已经出现曙光，但朱熹学说依然是社会的主流思想。湛甘泉离开京城前往安南，必然会给圣学的复兴带来不少障碍，王阳明对此深感忧虑。但他坚信圣人之道绝不会坠落，日后自己一定还能和湛甘泉相会，到那时就可以选择一处远离尘世的清净之地居住，一起切磋学问。在湛甘泉即将离开京城之际，王阳明在浙江的萧山湘湖附近购买了一块山清水秀之地，还建了一座草庵，希望自己将来能够和湛甘泉、黄绾一起在这里养老。

湛甘泉离开京城一年后的冬天，黄绾也因病返乡。王阳明特意写了诗文送别，还委托黄绾在天台山和雁荡山附近购置土地，修建房屋，以便以后一起养老。

王阳明和黄绾的故乡同为浙江，而天台山和雁荡山正是浙江的两座名山。在隋代，天台宗的开宗祖师智颛（yǐ）大师曾在天台山传教，于是天台山声名大振。雁荡山则是自宋代开始出名的，雁荡山诸峰林立，奇峭险怪，顶峰上有一片方圆数十里的大湖，湖水常年不枯竭，每当春天来临时，大雁会飞来嬉戏，因此被称为雁荡山。王阳明所选的灵秀之地，饱含了他对未来与好友一起切磋共学、共度晚年的美好期待。黄绾回到天台山之后，王阳明与黄绾依旧书信不断，继续切磋学问。

黄绾后来屡屡升官，但最后还是辞职返乡。黄绾和桂萼（è）关系挺好，王阳明去世之后，桂萼上书对王阳明加以批判。黄绾立即上书替王阳明辩护："我不敢因为亲密朋友而背弃我的老师！"此外，他还宣传王阳明的"致良知"说。黄绾与王阳明友谊真挚，也一直宣扬他的学说，但是在晚年，黄绾一改自己的主张，开始批判王阳明的学说。为何黄绾在晚年有如此转变呢？这是因为王阳明后来的门人各自创立流派，有些已经背离王阳明学说的主旨，渐渐地弊端百出。于是黄绾一改主张，开始批判他们的学说，在当时心学流传的弊端中力挽王阳明的学说。

王阳明返京之后，一有闲暇就去游山玩水，顺便游览位于深山幽境中的寺院。他曾作《寄隐岩》，开篇写道："每逢山水地，便有卜居心。"大自然中山水的清静、灵动，的确能让人息烦静虑，忘却尘世的纷扰，甚至产生忘情于山水而自甘寂寞隐居起来的冲动。王阳明的诗中经常会表现出隐遁山林的想法。其实仕与隐一直是中国古代士大夫们心中最激烈的挣扎。但纵观历史，士大夫消极遁世，为隐居而隐居做纯粹的隐者，是极少的。有人把归隐作为入仕的阶梯，于是有"终南捷径"之说。更多的士大夫是把返归自然作为精神的慰藉和享受，寻求人与自然融为一体的美好感受，把归隐作为一种希望和寄托。王阳明此时也是如此。

滁州、南京之行

1512 年，王阳明升任南京太仆寺少卿，顺便回家看看，徐爱也要去南京任职，就与他同船回家。

此时，王阳明仕途比较顺，又能与心爱的弟子重聚，自然是非常欢喜的。王阳明在船上为徐爱讲解了《大学》。朱熹曾经对《大学》做了详细的解说，他的《大学章句》被当时公认为最正确的学说。因此，当时的读书人都读《大学章句》，并将其奉为信条。然而，王阳明提出的新学说则彻底颠覆了朱熹的主张。《大学》开篇就说："大学之道，在明明德，在亲民，在止于至善。"朱熹认为"亲民"应该作"新民"，而王阳明则主张应该按照古本的解释——"亲民"，即"亲近人民"，这才是古代明君的治国之道的体现，只有怀着慈悲、怜爱之心才能教化、养育人民。王阳明认为，朱熹所说的"新民"有严厉训诫百姓的意思，这样会使帝王对百姓的怜爱减少，百姓也会逐渐丧失温情而远离安稳的生活。王阳明不仅如此解说和理解"亲民"，也践行"亲民"。在他的一生中，百姓事是第一事，他对百姓的良善充满信心，尽全力给百姓创造安定的生活，而在百姓心中他就是青天。徐爱听了老师讲解之后，特别震惊，觉得老师的观点难以理解。之后，在与王阳明的反复讨论中，徐爱终于领悟了老师的观点。他说自己就像从长眠之中突然醒来一样，可见徐爱当时的兴奋欣喜之情。

徐爱将这段讨论的过程进行了记录和整理，为了充分领悟老师的观点，徐爱经常翻阅整理的笔记，并作为一种自省的方式。1518年春，也就是徐爱去世前夕，他将笔记编撰成《传习录》，该书书名也是由他亲自选定的。徐爱的笔记全部被收录于《传习录》的上卷中，最初的十四篇不仅记录了他在船上听王阳明讲学的过程，还包括他在京师的所学、所见。令人遗憾的是，徐爱仅留下一部《传习录》残篇就英年早逝了。后来，学者薛侃将徐爱的笔录与陆澄的笔录合订成书，沿用《传习录》的名字于1518年出版。此时，王阳明四十七岁。后来，弟子南元善将王阳明的五篇著作加入《传习录》中，并在绍兴刻板印刷，当时人们称其为《传习后录》，该书的内容收录于今本《传习录》中卷。弟子钱德洪将《传习录》分为上、中、下三卷，其中下卷的内容主要是王阳明弟子们的笔录。这就是我们现在所看到的《传习录》全本。这部完整的《传习录》出版于1558年，即王阳明辞世三十年后。其中中卷内容有所增补，原有文字的叙述体也被改为问答体。当然，将这三卷内容合称为《传习录》，也是出于对徐爱的尊敬。需要了解的是，该书上卷是经由王阳明亲自批阅的，中卷则是王阳明亲书，而下卷并未经过王阳明批阅。

1513年，王阳明回到家乡。他本来计划与爱徒徐爱同游天台山和雁荡山，但由于自己多年没有回家乡，亲朋好友都来拜访，他没有办法抽出时间，计划未能实现。几个月后，才稍稍安静下来，王阳明随即决定开始游学，这已经是炎热的夏季了。在动身前，他经常与徐爱等人在余姚的名山秀水之间游览，一起等待黄绾前来同游雁荡山。然而，一个月后黄绾仍旧没有前来。由于徐爱赴任有限期，他们只好提前开始这次游学。

王阳明一行人先是到了四明山，在白山上眺望壁立千尺的奇观，然后又循着龙溪的源头探访了杖锡寺，之后登上雪窦山的千丈崖，欣赏了天姥峰和华顶峰的壮观景象。随后，他们经奉化前往赤城山，赤城山干旱日久，田地荒芜，民不聊生。百姓跪地虔诚地求雨，声泪俱下。见到这种情形，他们不禁黯然

神伤。一行人在这里没有久留，便经宁波乘船回到了余姚。这次游学历时半个多月。王阳明在此次游学后，就写信给黄绾，信中提道：这次游学，大家虽然各有收获，但还是没有新的发现。王阳明对黄绾没能一同前往，感到非常惋惜。

1513 年秋，王阳明前往南京西北部的滁州（今安徽东部）上任，此时他四十二岁。欧阳修在三十九岁时因遭反改革派弹劾，于 1045 年被降职为滁州知府。滁州交通虽不发达，但风景极佳，是江淮风景最好的地方。欧阳修在这里自封"醉翁"，家喻户晓的《醉翁亭记》就是在这里写成的，苏轼为这篇文章写了题跋。后来，此文又被刻在石碑之上，成为当时文人雅士最爱背诵的名篇之一。

滁州时期是王阳明后半生难得的悠闲自在时光。他在滁州负责马政事务，职务清闲，又有众多弟子陪伴左右。他们或坐而论道，或出而游学酿泉、龙潭等地。他们会在月朗星稀之夜，环坐龙潭而歌咏，歌声响彻山谷。在游学途中，王阳明与弟子一同吃住，随时随地为弟子答疑解惑。有时，他与弟子因见解不同而激烈争论，但是双方并不会因此而疏远，反而更加亲密。明代的绝大多数先生只注重书本知识的讲解，而王阳明重视书本与实践的结合。王阳明的教学方法，会让弟子主动去思考、探索，还能激发弟子的创造力，更能体会切磋学问的最高境界——真诚。

自从滁州讲学开始，王阳明身边的弟子就逐渐增多，他的声望也越来越高。当时，湛甘泉还特意到滁州向他请教道教、佛教方面的问题。

1514年，四十三岁的王阳明调任南京，被任命为南京鸿胪寺卿。鸿胪寺是接待外国使臣的部门，寺卿相当于部门长官。王阳明从滁州启程时，弟子们难舍恩师，将王阳明一直送到滁州东南部的乌衣，仍不肯离去。王阳明也同样不愿离开弟子们，不断与弟子们互道珍重。直至日暮时分，双方仍不愿挥手告别。

王阳明到南京赴任之时，恰逢弟子徐爱也到南京上任。随后，许多老朋友和弟子也闻讯从滁州赶到南京。他们每日陪伴在王阳明身边，切磋学问、交流心得，学术氛围十分浓厚。这个时候，有人对他讲，很多滁州弟子喜欢高谈阔论，违背先生教诲的初衷。因此，王阳明在南京讲学时告诫弟子，不要一味追求虚无缥缈的言论，而要经常进行自我反省。与此同时，王阳明在教学过程中，特别注重提高弟子的自省、实践能力。

在这期间，王阳明在写给学生、朋友的信件中，又强调了立志的重要，阐述了立志为学问的根本：立志对于做学问，就好比良种和耕种的关系一样，意义非比寻常。立志的关键是端正态度，然后再通过学习实现自己的志向。如果态度不端正，再怎么学习都是徒劳无功的。当然，既要态度端正，也要刻苦钻研，才能有所收获。王阳明还强调立志必须包含社会道德层面的远大抱负，不能一味鼓吹个人理想。他认为，立志不是一件容易的事，由最开始学习到最终悟道，都要先立志。什么时候、什么地点立志都不重要，关键要有坚定、专一、恒久的意志力，必须经常用立志来自省。王阳明也将自己讲学的终极目的归结为立志。

1514 年秋，王阳明的弟弟王守文来南京跟随他学习，第二年夏天返乡，临别时王阳明特作《示弟立志说》相赠，字里行间尽显骨肉至亲厚意，言辞恳切，令人动容。

王阳明是王华的长子，是正室郑夫人所生，他下面还有弟妹四人。二弟守文为王华续弦赵氏所出，大弟守俭、三弟守章为王华姜室杨氏所出。王阳明唯一的妹妹也为赵氏所出，后来嫁给了徐爱。在他的兄弟中，守文是最好学的。由于王阳明婚后一直无子，守俭、守章也都没有儿子，所以王阳明四十四岁那年，父亲便把王阳明堂弟守信的儿子正宪过继给他，正宪时年八岁。

1516 年之前，王阳明在北京、滁州、绍兴、南京之间往来，虽然有官职在身，但他始终把讲学放在第一位。此时王阳明追求的就是让更多人走上成为圣贤的道路，这对于他来说也是充满阳光和温情的道路。

此时，王阳明早年要建功立业的志向似乎已经被时光消磨掉了，然而四十五岁时，他建功立业的机会来了，从此开始了颠沛流离、戎马倥（kǒng）偬（zǒng）的后半生。

读故事　学知识

恩威并施

指以威严震慑反对势力，以恩惠安抚军心民心，二者同时施行。

出自《三国志·吴志·周鲂（fáng）传》，三国时期，吴国的鄱（pó）阳郡盗贼横行，祸乱百姓，而且魏军还时常侵扰。孙权任命周鲂为鄱阳太守，以安定局势。周鲂假意投降魏将曹休，用计大败魏军，然后又擒获盗贼头目彭绮，肃清了鄱阳郡周边的忧患，形势逐渐好转。"鲂在郡十三年卒，赏善罚恶，威恩并行"，周鲂在鄱阳郡任职十三年后去世，他赏罚分明，恩威并施，使百姓安居乐业。

四两拨千斤

原是武术技法术语，指顺势借力，化解对方的力量，反加其身。形容以巧劲取胜。

出自明代王宗岳的《太极拳论》："任他巨力来打我，牵动四两拨千斤。"

终南捷径

指求官的最近便的门路，也泛指达到目的的便捷途径。

出自唐代刘肃的《大唐新语·隐逸》，唐代有个名叫卢藏用的人，中了进士，但始终得不到重用。他听说人们都很崇拜隐士，便跑到终南山隐居，并故意让大家散布他隐居的消息。没过多久，朝廷还真的下令任他为左拾遗。当时，在终南山修行的人很多，其中有个叫司马承祯的，饱读诗书，很有才华，也被邀入朝为官。但司马承祯志不在官场，只想继续隐居，便辞官了。临行前，众人来送行。卢藏用也来了，他指着终南山的方向，对司马承祯说："那里确实是个隐居修行的妙处啊。"司马承祯说："我看，终南山是一条做官的捷径。"卢藏用听了，知道说的是自己，尴尬地走开了。

五

第一征：南赣剿匪记

王阳明所立军功，被人们称为"三征"。第一征是 1516 年到 1518 年，在以赣南为中心，跨江西、福建、广东、湖广（省名，明清时期指湖南、湖北）四省的区域内，征讨贼寇。第二征是 1519 年王阳明在江西迅速平定了宁王朱宸濠的叛乱。第三征是指征讨广西思恩、田州以及断藤峡、八寨的叛贼。王阳明的后半生是在征战中度过的。先来讲王阳明的第一征。

到赣（gàn）州

1516 年，王阳明由于尚书王琼的举荐，被提拔为都察院左佥（qiān）都御史，巡抚南（江西南安）、赣（江西赣州）、汀（tīng）（福建汀州）、漳（福建漳州）等地。

当时的汀州、漳州等地已经有多股势力强大的寇贼。王阳明思量之后，递上了一封辞官信。之后，王阳明启程，回余姚看望家人。他到杭州时，第三道圣旨也到了，王阳明最后决定奉旨去江西任职。出发前，他的一位朋友对别人说：王阳明此番前去，一定立大功。人家问原因，这位朋友说："我触他不动。"这足以说明王阳明当时内心很坚定，已达到不为外物所动的境界，就如他在诗中所说的"人人自有定盘针，万化根源总在心"。一个心如定盘针的人，何事不成呢？

尚书王琼

举荐王阳明的尚书王琼，与王阳明此后的人生经历关系密切。

1484年，二十五岁的王琼考中了进士，二十六岁就开始做官，为官四十八年，历事四位皇帝。面对荒唐无能的皇帝、无恶不作的阉党、互相倾轧的官僚、盗贼四起的民间、日益多事的边塞等矛盾重重的政治漩涡，王琼始终忠于职守，严于律己，任人唯贤，临危不惧。王琼做了五年兵部尚书之后，又过了五年蒙冤被贬谪的生活，接着，以七十岁高龄再度出山，驰骋西北边防整整四年，最后，老死在任所。王阳明曾经赞美王琼学识渊博、为人正直、事业精勤、见解独到、应变沉着，还着重说王琼极为公正，这一点当世无人能及。

王琼是非常精明细致的人。

王琼一开始在工部当职，后来治理漕（cáo）河。三年来，他不仅将漕河治理得非常好，而且还写了一本《漕河图志》，把漕河的情况记述得明明白白。他的继任者到任后就按照《漕河图志》上写的去探查，没有一点儿遗漏和错误的地方。后来，王琼当上了户部尚书，管理国家的钱粮。他精明到什么程度呢？守边的官员向他申请粮食，他当场就计算仓库、料场有多少，各地方上缴的粮食有多少，边防屯边的每年收了多少，然后回复说：你们已经足够了，再多要就是弄虚作假了。可以说，他的心里有一本全国的大账册。当然，并不是他有多聪明，而是因为他在任户部尚书之前，作为普通官员就特别留意历年的情况，积累了不少数据。由这两件小事，就可以看出王琼是一个非常细致和精明的人。

王琼还通晓兵事，知人善任。

虽然王琼在任兵部尚书前没打过仗，但是他在军事方面绝对是内行。王琼在当上兵部尚书后，针对军队剿匪都以上报砍杀头颅的数量来论功升职造成的祸乱，提出要以平定匪患为奖赏的依据，而不是斩获首级的数量。这一论断被朝廷采纳，从而防止了因匪患导致的更大祸害和危机。

王琼以贤取人，他事先筹划安排王阳明守卫江西，是经过深思熟虑的，后面我们还会讲到。王琼曾经说过："应当设置好官职再选择人才，不应当为某个人而专门设置官位。"这样一个人，对于任命剿匪官员的事，绝对不会马虎，想必对王阳明他是做了一番调查和研究的。

万安遇劫匪

1517 年，王阳明到达江西赣州。令王阳明始料未及的是，最先迎接他的竟然是一群寇贼。当时，王阳明沿着赣江一路南行，到了吉安的万安县境内，一群寇贼正沿岸烧杀抢掠，商船不敢前行。王阳明细心观察，判断出：寇贼虽然人多，但都是乌合之众，没有组织，如果趁其不备，突然进攻，他们不知虚实，一定会以为大军压境，不敢轻举妄动。王阳明立刻把所有的商船和官船集中在一块，遍插旗帜，敲锣打鼓，声势浩大地长驱直入。寇贼们一看，突然冒出这么多官船，吓得赶紧沿江跪拜，大声求饶："我们本是饥民，不得已才拦江打劫，请大人放过我们。"王阳明命令船队靠岸，派人上岸通告寇贼："本官乃南赣巡抚，既然你们是被生活所迫才落草为寇，从今以后，不可为非作歹，否则就是自取灭亡。"寇贼万分畏惧，赶紧散去，哪有工夫辨别是真还是假呢?

这一年正月十六，王阳明到了赣州，立刻开府。

行十家牌法

一开始，王阳明就发现士兵队伍中、百姓中有很多寇贼的耳目，官军还没有行动呢，军事部署就泄露（lòu）了。王阳明发现军中有一个老吏，常常暗中给寇贼通风报信，行事阴险狡诈。于是，王阳明就将这个人召唤到大帐中，让他自己选择生死。听王阳明这话，老吏立刻将通匪的人都告发了。之后，王阳明仔细调查，发现老吏说的都是事实，就赦免了老吏的死罪。

为了杜绝这样的情况再发生，王阳明在城中设立十家牌法，以十家为一个户籍单位，在一块木牌上写明这十家的基本情况，由十家轮流执掌，每天下午五点到七点，当天值班的人要拿着这块木牌到各家依次对照审查。审查的具体内容包括：谁家今晚少了某个人，这人去了哪里，去做什么事，什么时间回来;

谁家今晚多了某个人，这人是谁，从哪里来的，做什么的。核实清楚之后，值班的人还要把情况通报给各家知道，如果发现有可疑的人，就立即报官。如果有隐瞒不报的，一旦被发现，一家违令，十家同罪。王阳明严格地执行十家牌法，在相当程度上斩断了叛军的耳目。

与此同时，王阳明还不忘在思想上影响百姓，他发表告示说：父母慈爱子女孝敬，兄长善良弟弟友爱，丈夫公正妻子依从，长者仁爱幼者顺服；要小心遵纪守法，勤谨地工作、恭俭地守护家业、谦和地与乡里相处；内心一定要平静，不要动不动就打架骂人，做事情要懂得互相谦让，忍一时风平浪静，退一步海阔天空，不要动不动就上官府告状。所有人都要知晓善恶，而且要互相提倡做善事，遇见恶事要及时阻止；邻里之间相互礼让，形成积极向上、见义为善的好民风……王阳明谆（zhūn）谆教导，就像教导自己家孩子一样，情意恳切。

王阳明用强制的法令和殷殷的劝说，引导当地民风向上、向善、向好。

选民兵

以往遇到寇贼作乱，当地官员就会上奏朝廷调遣狼兵作战，但是往返时间长，耗费财力巨大，而且等到集合部队作战，寇贼早就跑得无影无踪，狼兵一走，他们又卷土重来。政府的征剿屡次失去战机。

狼兵是在明朝中期出现的，是当时壮族土司组建的地方武装，因此狼兵不是朝廷的军队，不属于军籍，但他们彪悍武勇，在明代剿匪和御倭战斗中起到了重要的作用。但狼兵在管理上存在很多问题，如不听指挥，有些狼兵还烧杀掳掠，甚至养贼纵敌。王阳明认为征用狼兵费用奢靡，又没有任何成效，他一生中从未动用过狼兵。

王阳明请四省做好兵力准备，挑选骁（xiāo）勇群绝、胆识出众的士兵，每县多的十几人，少的八九人。王阳明强调要优中选优，有时也通过招募来征兵。就这样大约从江西、福建选了五六百人，从湖广、广东选了四五百人，然后把他们交给武官紧急训练，其中表现优秀的，直接任命为将领。就这样王阳明慢慢有了自己的第一批士兵。

万事俱备，王阳明要开始对付盗匪了。当时盗匪分布的具体情况是：匪首谢志山与蓝天凤占据江西的横水、左溪、桶冈等山寨，匪首池仲容占据广东浰头等大山寨，匪首陈曰能占据江西大庾（yǔ）岭各山寨，匪首高快马占据广东乐昌各山寨，匪首龚福全占据湖南郴（chēn）州深山老林中的各个据点，匪首詹师富占据福建大帽山各山寨。他们抢掠百姓，影响极其恶劣。之前，官军数次讨伐，败多胜少，常常无功而返。

王阳明大致解决了赣州的内部问题，就思考该从哪里撕开匪首们编织的这张大网。

他首先琢磨起詹师富。

拿下大帽山、大庾岭

詹师富很有眼光，选择了绵延数百里的大帽山作为根据地，这是一个易守难攻的地方。之前他打败了南赣巡抚组织的多次围剿。詹师富还很有头脑，他依地利、靠奸细，逐步扩大自己的势力。王阳明虽然挖出了不少内奸，破坏了詹师富的消息网，但难免有漏网之鱼。

王阳明计划分兵两路，一路从福建攻打詹师富大帽山的老巢象湖山，另一路从广东饶平北上呼应。王阳明到赣州十几天后，就通知广东、福建两省备兵，要求两省官兵密切配合，齐心协力对大帽山各山寨进行夹击。这个消息自然也走漏了，詹师富就埋伏在长富村阻挠王阳明的部队进攻象湖山。

长富村的战斗打响以后，一开始进展得很顺利。福建官兵在詹师富的重重包围之下，不仅突出重围，还反过来包围了詹师富，擒拿斩首贼犯四百多人，俘虏一百五十人左右，烧毁房屋四百多间，牵回了大量的牛马。长富村战败后，詹师富即刻向象湖山方向撤退，官兵乘胜追击，在双方厮杀之时，之前部署的广东官兵正好赶到，即刻与福建官兵进行合围。詹师富一看这情势，就四面突围，垂死挣扎。在追击到广东大伞这个地方时，福建指挥覃（qín）桓、县丞纪镛（yōng）的战马陷入泥潭，中箭身亡，王阳明也中了两枪。广东方面的官兵不战自畏，毫无战斗力，最后詹师富向广东方向突围成功，双方因此而陷入僵持局面。

此时，有些将领看到这种情形，不敢违抗命令后撤，又不想送死，就向王阳明提议调遣广东狼兵来剿匪，等到秋天再对象湖山各据点发起围剿。王阳明严厉地斥责了这些将领，因为他知道，此时詹师富就盼着他们撤退呢。王阳明立刻率领一支两千多人的军队，从赣州回到福建汀州，他一面严责失事的官员，一面分析当前战局，重新进行战略部署。王阳明决定采用攻心战术。

王阳明命士兵们对外宣扬：现在天气已经转暖，正是春耕时节，山路艰险，林木茂盛，雨水增多，瘴雾正浓，不方便围剿，等秋收之后，天气转凉，再考虑围剿。为让詹师富信以为真，王阳明只在某些紧要的地方保留少量士兵，其余军马逐渐撤回，而且还犒（kào）劳军士，给予奖赏，做出解散军队的假象。将领们对这一战术表示怀疑，他们认为詹师富不会相信。王阳明说，詹师富可能不相信我们散布的消息，但是他至少会相信自己的经验，因为每次官兵围剿失败之后，都会立刻撤军。

王阳明同时下令，暗中加紧备战，要求假意遣散的军队不得走远，要确保能速召速到。又派出间谍，打探虚实，充分了解对方实情，把握作战时机。一旦对方军队疏于防范，斗志懈怠，便迅速召集军队进发。

王阳明鉴于上次的经验，还制定了围剿原则：进攻过程中，前锋的任务是攻破敌人的阵仗，不许计算斩取的首级；围剿的目的是擒获对方的首领，而不在于杀伤数量。王阳明又郑重重申，各部队必须严肃军纪，听从号令，统一行动。

王阳明重新制定作战方略之后，派人日夜监视象湖山的动静，侦查的结果是詹师富对撤军深信不疑，守卫松弛。二十九日，战机出现，王阳明兵分三路，趁着月色，突袭象湖山，不费吹灰之力就攻破了象湖山的关口。一夜苦战之后，王阳明控制了整个象湖山。詹师富的据点有四十多处，他在战乱中逃到可塘洞据点。官兵们乘胜追击，活捉詹师富。三天之内，王阳明率领五千人战胜贼寇数万人，横扫大帽山，荡平了詹匪据点。

与此同时，各路官兵还对詹师富的盟友温火烧所占据的箭灌发起夹击，温火烧被活捉。箭灌之战胜利结束。

这次剿匪行动从1517年正月下旬开始，四月结束，王阳明在短短三个月时间内，不仅肃清了福建漳州南部以詹师富、温火烧等为主要首领的山寨，同时还对广东部分地区的贼寇进行了清剿。

剿匪工作还没有结束。在大帽山一战中，王阳明发现朝廷官兵的战斗力太弱了，便从各个部队中挑选出骁勇善战的士兵，分成四个团，农忙时下地干活，其余时间都要到赣州城里操练。

大帽山的寇贼被清剿之后，谢志山、池仲容等很多盗匪都不敢轻举妄动，偏偏大庾岭的陈曰能不以为然，还更加张狂起来，多次攻击南安府。陈曰能根本没把王阳明放在眼里，因为他所在的大庾岭地势险要，詹师富的大帽山根本不能与之相提并论。大庾岭的确地理优势明显：悬崖峭壁，荆棘遍布，只有一条路可以通向山寨。陈曰能还在这条路上安排了最勇悍、最精干的盗匪把守。

王阳明自然懂得老虎也有打盹（dǔn）儿的时候，大庾岭的守卫都是人，又不是神，不可能没有懈怠的时候。王阳明故技重施，再次用真假虚实的战略。他要求四个团的士兵训练完毕，

即刻就回本部。给寇贼的感觉是，即使有天大的事发生，只要训练完毕，这些士兵就回去休息了。每天如此，雷打不动：训练、回本部，训练、回本部……持续了很长一段时间，大庾岭的寇贼们就此认定：这些士兵团练一结束，就没有必要再提高警惕了。这些不断重复的信息，让寇贼们产生了熟悉感，进而产生了安全感，这就是王阳明希望达到的效果。

寇贼放松了戒心，不再关注团练。

几个月后的一天，士兵们照旧团练，结束后回各部，然后就被王阳明迅速集合起来，在夜色的掩护下，悄悄向大庾岭急行军。这次军事行动和进攻詹师富的军事行动一样，都是麻痹敌人后的快速偷袭。由于防守松懈，陈曰能的老窝也被王阳明轻易拿下，而他本人在逃跑途中被一支小分队活捉。

王阳明在南赣剿匪中，经常运用这样的战术，主要就是先让寇贼安心，然后出其不意，快速偷袭。王阳明如何让寇贼安心呢？他故意制造固定的、有规律的信息，让寇贼感觉这些都是他们掌握的情况，都是已知的、确定的，就感到安全了。寇贼进而存有侥（jiǎo）幸心理，最终必定失败。

横水、左溪、桶冈之战

经过两场战斗，官兵暴露出来的问题越来越多，将领心中胆怯、害怕寇贼；军令执行能力也弱，根本做不到位；兵士们武艺不强，而且打起仗来，勇气也不足。王阳明想，这些问题如果不解决，再有新的战斗，大家都有可能搭上性命。因此他再次明确了军规，针对性地处理了一些问题。王阳明意识到，要想真正地调动军队，自己必须要掌握指挥权，于是他上书朝廷，汇报官兵情况，详细地分析了敌情，请朝廷授予他提督军务的权力。朝廷许可王阳明负责南、赣、汀、漳的军务，赐予旗牌八面，这给他指挥用兵提供了极大的方便。旗牌是什么呢？古代令旗、令牌，合称为旗牌，是权力的象征。持有旗牌的人可以在规定的权限之内自行处理和决定一些事务，比如在战场上处罚逃兵和叛将，征调地方的人力、物力。由此可见，王阳明思路非常清晰，擅于抓住要点，他深刻认识到有了提督军务的权力，才能摆脱烦琐事务的纠葛，有更大的空间贯彻自己的军事思想和战略主张。同时也可见王阳明是真心为国家、将士、百姓负责，勇于担当。

一个月后，王阳明开始考虑如何快速解决江西、湖广交界地区和广东地区几处大山寨的寇贼。王阳明先把将领们召集在一起讨论、谋划这场仗要怎么打？横水、左溪、桶冈、浰头，这些山寨地理形势非常复杂。横水、左溪、桶冈在江西、湖广交界的地方；浰头山寨在广东。大家认为还是按照常理，江西、湖广、广东、福建四个省同时举兵，共同夹击。但王阳明认为打击重点要落实在横水、左溪、桶冈，而且这些地方的军事行动，还要有先后顺序。

王阳明认为，从地理上来考虑，尽管广东龙川境内的浰头据点与桶冈距离比较远，但各地的山寨之间是一直有联系、串通一气的，所以既要防止攻打桶冈时，山寨里的寇贼向广东境内流窜，又要防止浰头的寇贼对桶冈等山寨进行支援。王阳明计划务必让横水、桶冈等山寨孤立无援，那就要截断他们与广东浰头之间的情报与交通，即使做不到这一点，也要确保浰头对湖广、江西的剿匪行动采取观望态度。

于是，王阳明在开始征剿寇贼之前，先派人给浰头的寇贼们赶去牛马，送去酒肉、钱粮、布匹，还发布《告谕浰头巢贼》文书，劝寇贼们归降。在这篇文告中，王阳明循循善诱地劝告寇贼，希望他们诚心悔过、放弃对抗。字里行间流露出仁厚、至诚的情感，令人动容，可见王阳明诚恳的心意。

王阳明说："如果你们冥顽不化，我不得已发兵，那就不是我杀你们，而是老天要诛杀你们了。如果说我完全没有杀你们的心，那是欺骗你们；如果说我非要杀你们，这又绝非是我的本心。你们今天虽然做了寇贼，但从前也都是朝廷的赤子！就像一对父母有十个孩子，八人善良，二人悖（bèi）逆，想要加害其他八人。作为父母，必须除掉两个逆子，其他八人才能得以安生。都是自己的孩子，作为父母，为什么偏要杀掉那两个孩子？那是因为迫不得已啊！对于你们，我的心也是如此啊。如果这两个孩子能悔恶迁善，痛哭流涕，诚心归顺，做父母的也必然会心生悲悯（mǐn），接纳他们。为什么呢？不忍心杀掉自己的孩子，这是为人父母的心啊。如果悖逆的二人能够顺遂了父母的心，还有什么比这更令人高兴的啊！对于你们，我的心也是如此啊。"

浰头的寇贼们看到这篇文告之后，有些人被深深地感动了。黄金巢、卢珂（kē）等头目立刻就带着手下投降了，他们决心要报答王阳明的不杀之恩。战前劝降是王阳明常用的战术之一。王阳明作战，从来都是以仁义为本、以人为本，他认为能不用兵就让对方放弃作战才是上上之策。王阳明解决了浰头这一后顾之忧，就开始策划部署下一步作战计划。

针对横水、桶冈的战斗要开始了，在召开的战前会议上，将领们认为要集合湖广、江西的队伍，先攻打桶冈。而王阳明看来，就江西各处山寨的具体地理状况而言，横水、左溪才是腹心之地。如果先攻桶冈，得先绕过横水、左溪，将士们不仅要长途跋涉，还要急行奔袭，疲惫不堪，作战能力肯定会减弱。而且，非常有可能在和桶冈寇贼作战的时候，背后受到横水、左溪寇贼的攻击，腹背受敌，是对作战很不利的，到时候吉凶难测；如果先攻打横水、左溪，就可以步步为营，一点点儿推进，同时又对桶冈形成严密的包围圈。因此，王阳明最终决定，先攻横水、左溪，同时派人散布要先攻桶冈的消息。这样可以给横水、左溪的寇贼造成错觉，即使不完全相信，也会半信半疑，防卫自然松懈下来，有利于官兵打他个措手不及。随后，王阳明严密地部署了各路官军的进攻路线，分配了各路的主要任务。一切布置妥当，王阳明亲自率领一千多名士兵前往横水，临阵督战，约定与其他军队在横水集合。加上王阳明亲自率领的一路，这次作战队伍共分十一路。

十月七日，各路官军齐头并进，寇贼得知消息，乱了阵脚，王阳明谋划的突袭和攻其不备奏效了。王阳明指挥军队乘夜行军，十一日中午，在距离寇贼老巢三十里处安营扎寨，寇贼开始慌忙应对。经过激战，十二日、十三日横水和左溪山寨已经被拿下。十四日，下起了大雨，王阳明下令全体官兵就地整顿，并且犒赏将士；还派出去数十人打探敌人逃跑的方向，以及还没有攻克的各个山寨的动静。十五日，得到回报，没有被攻克的各山寨虽然都有所防备，但防御不严，如果乘机分兵从四面进攻，可以大获全胜。王阳明思量，如果横水、左溪周围山寨残余势力不彻底消灭就去攻打桶冈，会有后顾之忧。为此，他令各营官兵冒雨迅速挺进，趁着敌人松懈，急击各个山寨。到二十八日，各路官兵分别攻破附近各寨，横水、左溪一带山寨基本平定。

此时，各营官兵都请示要乘胜进攻桶冈。但王阳明认为桶冈地势险峻，一夫当关，万夫莫开，就如铁桶一般，强攻风险太大，不能贸然进兵。王阳明决定还是要对敌人采取攻心战术，先进行劝降。

王阳明写了封招降信给桶冈的寇贼头子蓝天凤，并且说要在十一月一日前去招降。等了两天，蓝天凤没有动静。但是王阳明知道，此时蓝天凤已经有所动摇了，因为横水、左溪被击破，对蓝天凤来说是很大的危机。王阳明又趁机烧了一把火，他派南康县县丞带领官兵数百人到招降地点，不断催促蓝天凤投降。又同时派兵四路，分头偷偷潜入桶冈的要塞附近，准备出其不意攻打桶冈。虽然当时下着大雨，但四路将士冒雨急行，分别到达各自的指定位置，等待总攻的命令。

桶冈大首领蓝天凤只关注到南康县丞在山寨外劝降，正在大帐内就是否投降与首领们商议，忽然手下来报，说官兵已经逼近各个关卡，头目们都大惊失色，他们已经无路可退，只能负隅（yú）顽抗。直至十一月十日中午，官军攻破桶冈大寨。虽然各山寨大势已去，但是寇贼结阵而逃的人还很多。王阳明指挥各路官军，死守几处重要关卡，对各寨逃窜出来的寇贼围追堵截，清剿了许多据点。终于，桶冈寇贼被彻底肃清。

同时，广东一些山寨的寇贼，因为被湖广的官兵攻袭，有上千人逃窜到江西境内。王阳明知道以后，又立即重新布置兵力，截至十一月三日，逃窜到江西的寇贼都被消灭尽了。王阳明又考虑到湖广、广东两省的官兵仍在合力进行局部围剿，为防止再有各寨之人四处逃窜，他立刻部署两千多兵力留守。至

此，横水、桶冈之役基本结束。

1517年的横水、桶冈之战从开始到结束，前后不到三个月。王阳明肃清了江西南安府上犹县、大庾县、南康县境内以横水、左溪、桶冈为据点，以谢志山、蓝天凤等为主要首领的各大山寨。这场战役，消除了这些地区数十年的动乱，地方归于安宁，一派祥和，百姓喜不自禁。

活捉三浰匪首池仲容

桶冈的战役刚刚结束，王阳明就开始策划对付池仲容了。

浰头位于广东与江西交界的地方，是重要的咽喉之地，它分上、中、下三浰。这里山脉绵延，地形险要。浰头各山寨的大首领就是威震四方、号称金龙霸王的池仲容，他是南赣地区势力最大的寇贼头子。

池仲容依仗着天险，常常带着匪众四处烧杀抢掠，杀害官兵，焚烧村寨，而且行动迅速，官府连年数次镇压，都无功而返，老百姓也没有安宁的日子过。

王阳明在策划横水、桶冈之战时，他的全盘计划是先攻下横水，再攻下桶冈，最后与广东的队伍会师一起攻取浰头，这也恰恰体现了浰头这一仗是最艰难的。

浰头一战还是很有戏剧性的。

前文提到，王阳明在攻打横水、桶冈时，为防止浰头出兵支援，就对浰头发布文告进行安抚。在这篇文告的感召之下，当时黄金巢、卢珂等首领率手下投降，还有一些山寨被攻破，这也让池仲容有些坐卧不安了。

池仲容决定先下手为强，刺探王阳明的虚实，就派自己的弟弟池仲安带着二百多老弱残兵去投降。池仲安命这些人做内应，到时来个里应外合。王阳明一看前来投降的人，就知道这是池仲容设计的诈降，他不动声色，将计就计，大大赞赏了池仲容改邪归正、弃暗投明之举。

王阳明对池仲容看起来很宽大、不设防，其实在暗暗地严格防御，时刻警戒。王阳明把池仲安和他带来的二百多人安置在横水修建营地。这些人自从做了民工之后，只能没日没夜地干活，见不到一个官兵，刺探军情成了痴心妄想。不久，池仲安忽然接到王阳明的命令，让他去攻打桶冈。池仲安很高兴，以为这下有机可乘了，王阳明还表示了对他们的信任。王阳明让池仲安守在离桶冈最远的一个关卡。池仲安守在这里不能动，也得不到什么消息，就是得到了消息也送不去。离开这里也不行，因为此处距离三浰很远，随时都会被王阳明堵截。池仲安真是绝望极了。

王阳明这个时候又秘密地找当地和池仲容打过交道的人进

行调查。大家众口一词，池仲容罪恶滔天、心狠手辣、狡猾奸诈，必须剿灭，不要想着招安了。而且还提出，一定要调动狼兵才能对付得了。王阳明仔细分析之后，决定不调狼兵，而是召集自己的部队，并确定了围剿的日期。

桶冈被攻破之后，池仲容才开始真正地感到害怕。之前他认为，官兵还会像以前一样走走过场，没想到这个王阳明不仅认真，还是个厉害角色。池仲容心惊胆战、寝食难安，赶紧加强戒备，增加防守。

王阳明听说池仲容的戒备愈加森严，就想要稳住他。王阳明命池仲安返回三浰，还派人送了许多好酒好肉，请池仲安劝他哥哥大可不必增加防备，既然投降了就是自家人，不必这么紧张。池仲容回复说是为了防备卢珂。王阳明就写信给池仲容说："那我一定要严办卢珂。"为了让池仲容彻底放下戒备心，王阳明干脆带兵回了赣州，宣布本地的官兵回家务农，外地的官兵可以自由活动，然后招呼池仲容来商议投降事宜。池仲容开始讲条件，还是那一番说辞："卢珂让我很难受呀。"王阳明一边安抚池仲容，一边与卢珂达成协议，打算利用他来诱捕池仲容。于是，王阳明就和卢珂上演了一场苦肉计。王阳明当着池仲安的面，把卢珂训斥了一顿，关进大牢里，还说等着池仲容来发落他。王阳明暗中则派人回去召集兵马，做好准备，等卢珂一回去，立即发兵策应。而池仲安看到这场面，被感动了，就写信给池仲容，请哥哥不用紧张，不必戒备。池仲容终于来了，随身带着四十个武功高强的保镖。

池仲容一离开山寨，王阳明立马就打着清算卢珂余党的旗号要借路池仲容的据点，率领官兵长驱直入。趁此机会，他又秘密地做了周详的军事部署，将进攻浰头的官军分为十哨，明确分配了各哨的军事任务，很快浰头各主要山寨都在官兵严密的控制之下了。

1517 年末，王阳明终于见到了这个传说中的匪首。池仲容一进入赣州城，就看到城内张灯结彩，一派节日的祥和喜庆气氛，暗自松了一口气。王阳明还为池仲容安排了豪华的住处，衣食都极为奢华。但池仲容也非等闲之辈，他在赣州城里先是打听王阳明部队的情况，发现赣州城只有王阳明的卫队和巡逻部队，就放下心来；他又重金贿赂狱卒，偷偷到监狱看了卢珂，见卢珂正在睡大觉，池仲容更安心了。池仲容通过种种迹象，判断王阳明真的放弃用兵了，就给自己的老巢写了封信，各个据点得到消息都松懈下来。而池仲容不知道的是，就在当夜，王阳明悄悄放了卢珂，卢珂连夜驰归，迅速做好攻取浰头的各项准备。

赣州的官员们也没消停，大家每日轮流宴请池仲容，留他在赣州城里过了春节。但池仲容心里也有不安，打算在大年初三回山寨。王阳明估计这个时候卢珂已经做好了战前的准备，而周围各县兵众也已调集待命，他就答应初三送池仲容回山寨。初三中午，王阳明设宴欢送池仲容和他的卫队，利用这些人吃饭时放松了警惕，趁机缉捕了池仲容一众人等。斩杀了池仲容后，王阳明立即出发，率领卫队直奔三浰。

王阳明步步谋划，在相当大的程度上确保了浰头之役的顺利进行。

就在池仲容被擒的当天夜里，王阳明下令，正月初七黎明时分各路官兵同时进军，从不同方向对浰头发起全面进攻。由于浰头的大小山寨突然遭遇官军来自四面八方的强势攻袭，很快便溃不成军，惊惧失措，四处逃窜。

到了正月十六，各山寨被击溃而四散奔逃的还有八百多人，他们退入九连山。九连山地势极其险峻，四面都是悬崖峭壁，只有一条鸟道可以到达山上，这给官军的追剿带来极大困难。王阳明认为对方人数虽然不多，但是据点地势险峻，强攻显然是不明智的，也极难奏效。另一方面，逃窜的寇贼们毕竟处于被追击中，就像惊弓之鸟一样。虽然他们有天险可守，临时凑到一起的逃窜部队，凝聚力肯定不足，防御松懈，这正是他们的最大弱点。王阳明开始谋划，他选精锐官兵七百余人，穿上对方的服装，伪装成溃逃的样子，乘着夜色浓重，直接冲上被对方所占据的悬崖下的小道，向上急奔，说是从老巢逃出来的。九连山的寇贼竟然一点儿都不怀疑，打开门，这支精锐奇兵就这么轻易地进了九连山。这队官兵进到山里立即守住了隘（ài）口，占据险要地形，阻断了寇贼的退路。第二天，当寇贼发现他们并不是自己人时，为时已晚。到三月初三，据各方向回报，浰头及其周围各处大小山寨的寇贼都被擒杀斩尽。只有二百多老弱残兵愿意投诚，王阳明就招抚了。就此，浰头战役基本结束。

浰头这场战役从 1518 年正月初七开始，三月初八结束，打了足足两个月。王阳明肃清了广东龙川县境内以浰头为主的各大山寨寇贼。

这场硬仗剿灭了江西、福建、广东、湖广的众多寇贼。多年的匪患，之前官兵围剿数次无功而返，而王阳明用时一年零三个月就还了百姓一方安定之地。王阳明完成了人生"三征"中的第一征。

安定当地百姓

王阳明解读《大学》时强调要亲近百姓，在实际行动上，他也时刻把百姓放在第一位。每次战斗结束，王阳明都会修筑城墙、恢复生产，为百姓能够安居乐业费尽心力。在王阳明看来，消灭寇贼不是最终目的，终极目标是给百姓一个太平的世界。

漳南之战后，王阳明回到赣州马不停蹄，立刻开始筹划如何给百姓安定的生活。王阳明认为仗打赢了，不是结果，而是开端，如何让边地永不再起盗匪，如何教化当地百姓，才是最要紧的。王阳明立即奏请朝廷，在此地置县，方便管理，并认真地起了个名字——平和县，这个名字寄予了王阳明对这方土地的美好愿景与期待。最终获得朝廷批准，1518 年正式设县。开设县治，规范管理，盗匪就无法聚集；王阳明还在这里建设学校，教化当地百姓，让百姓重归平静的生活。

这年六月，王阳明提出了改革盐税制度。由此我们不难发现，王阳明不仅通晓兵法，还擅于理财。剿匪必然要耗费大量军资，如何在确保百姓正常生活的前提下调配军资，是王阳明必须考虑的现实问题。

赣州地区的食盐供应主要有两个渠道：一是闽广（福建、广东、广西的统称），一是两淮（北方淮河周边地区）。按照旧例，闽广地区所供应的食盐送抵赣州后，再沿赣江运到周边各地，满足百姓食盐的需求。

由于当时多有战乱，闽广食盐的运输线被迫暂停。朝廷的新盐法规定，一些地区的食盐改由两淮地区供应。之前，闽广运输线道路平坦，还能借助水路运输，因此运盐成本较低。而朝廷新盐法中的两淮运输线路地势较为复杂，手续又十分烦琐，当食盐运抵后，价格已经翻了好几倍。因此朝廷的新盐法实际上并没有得到广泛推广，很多盐贩铤（tǐng）而走险，依旧通过闽广线运输食盐，甚至通过逃税、漏税获得暴利。百姓们自然都喜欢购买价格低廉的私盐，当地官府束手无策。见此情形，王阳明立即上书，建议朝廷重新启用旧制盐法，杜绝逃税、漏税的行为，商贩不必冒风险私下贩盐，而且不增加百姓的赋税，官府也有了税收，可以补充巨额的军费支出，于官于民都便（biàn）宜。

同样，在左溪、桶冈之战后，王阳明也及时奏请朝廷设置崇义县。他认为，左溪、桶冈等处位于三县之间，而且与三个县城距离都很远，有三百多里，地处僻远，人迹罕至，不能很好地对百姓进行教育和引导，朝廷的管理也无法及时跟进，很容易成为动乱的发源地。他提出，应在此设县筑城，加强行政管理，对老百姓从礼义、道德、风俗等各方面进行引导，使得人心向善向好。王阳明驻军横水的时候，曾亲自查看地形，建议在横水兴筑土城，设置关卡，这样就能控制三县之间的交通往来，确保地方永久安宁。朝廷都予以批准。王阳明趁热打铁，规划土地、筑造民房，让百姓安居下来；鼓励山民修建梯田，解决山多田少的问题；凿山辟路以通天险，用这种完善扩大交通的办法达到开化民俗的作用。但冰冻三尺，非一日之寒，由于被寇贼祸害多年，当地百姓的暴戾之气不是那么容易就能消除的，王阳明认为改变当地人的思想势在必行。

1518年，王阳明发布《告谕》，并命人将这篇告谕文书派发给各户百姓。他在告谕中详细讲述了老百姓日常行事应遵照的具体规范，关于办丧事、办佛事、治病、嫁娶、亲友拜访等都有极为细致的规定。比如，要求有病就去看医生，不要听信

邪术；亲戚朋友间拜访，贵在诚心，不提倡虚浮奢靡之风。王阳明还下令，若违反这些规定，不仅要惩戒当事人，还要追究官员的责任。同时还下令当地官府可以选拔有识之士或素有威望的人来协助官府引导百姓。

王阳明还发布文告，督促各乡县建立社学。社学就是地方官奉朝廷诏令在乡村设立的"教童蒙始学"的学校。他认为端正民风应先从孩童抓起，那个时候很多地方已经废除了社学。为了重振社学，王阳明聘请名师，教授学童诗歌与礼仪。很快，孩童在街上遇见长官、长辈都会合手施礼。当地百姓也逐渐受到影响，人人礼让谦和，社会风气大有改观。

一个月后，王阳明再次奏请朝廷在浰头地区设立和平县。由"平和""崇义""和平"三县之名不难发现王阳明的治世理念和深厚的爱民之情。王阳明诚心希望百姓的生活好起来，从来不是镇压了事，因为他知道横征暴敛是民不聊生的源头，也是盗匪啸聚山林的主要原因，所以他在《回军九连山道中短述》一诗结尾写道："功微不愿封侯赏，但乞蠲（juān）输绝横征。"在王阳明的眼里，百姓都是可以被引导和改变的，只要他们的内心得到启发，一样可以成为圣贤。

读故事　学知识

人人自有定盘针，
万化根源总在心。

出自王阳明的诗《咏良知四首示诸生其三》：
"人人自有定盘针，万化根源总在心。却笑从前
颠倒见，枝枝叶叶外头寻。"意思是，每个人都
有自己的准则，所有的一切都由心而起。过去有
些想法，现在看来很可笑，凡事只知道找外因，
却不知道从自身找原因。

知人善任

指了解某人的品德和才能，还擅于任用此人
的长处。

出自汉代班彪的《王命论》："盖在高祖，其
兴也有五：一曰帝尧之苗裔，二曰体貌多奇异，
三曰神武有征应，四曰宽明而仁恕，五曰知人善
任使。"意思是说：大概高祖时兴盛的原因有五
点：一是帝尧的后代，二是体格形貌与众不同，

三是确实孔武有力，四是宽厚明察且仁恕，五是知人善任。

一夫当关，万夫莫开。

形容地势险峻，一人把守关口，万人也攻不进来。

出自唐代李白的《蜀道难》："剑阁峥嵘而崔嵬（wéi），一夫当关，万夫莫开。"

冰冻三尺，非一日之寒。

原指冰冻了三尺厚，不是一天的寒冷造成的。比喻一种情况的出现，不是突然发生的，而是日积月累逐渐形成的。

出自汉代王充的《论衡》："故夫河冰结合，非一日之寒；积土成山，非斯须之作。"

六

第二征··剪除宁王朱宸濠

南赣匪患被肃清，百姓生活安定，王阳明便向朝廷请求辞官休养。自剿匪以来，他马不停蹄，日夜操劳，身体状况大不如从前。加上得知祖母病重，他更是寝食难安。王阳明提出辞官，合情合理，但朝廷并没有准许。

当初推荐王阳明来江西的王琼，是个深谋远虑的人。表面上看，他派王阳明到赣州是为了剿匪，但主要目的是防范宁王朱宸濠叛乱，这步棋走得可谓聪明且有远见。后来，当朝廷得知朱宸濠叛乱，文武大臣都六神无主时，只有王琼镇定自若，说："诸君勿忧，吾用王伯安（王阳明）赣州，正为今日，贼旦夕擒耳。"大家别担心啊，我让王阳明去江西，就是为了今天，朱宸濠很快就会被擒获。

看到朱宸濠的势力日益强大，王琼早就忧心忡忡，不曾有一日放松，当然不会轻易批准王阳明离开。

惊闻宁王叛变

　　1519 年六月五日，王阳明接到朝廷的命令，命他去福州平定进贵等人的叛乱。九日，他从赣州启程，沿赣江顺流而下，十五日到达丰城县一个叫作"黄土脑"的地方。丰城知县出来相迎，向王阳明通报了一个令人震惊的消息：宁王朱宸濠已经于本月十四日起兵谋反。

　　面对这一严重危及大明王朝的突发事件，仓促之际，王阳明对当前形势做出了清晰睿智的判断——他必须火速赶回吉安，抓紧时间调兵遣将，准备应战。他立即返回船上，命人即刻调掉船头，逆流而上。朱宸濠听说王阳明欲乘船返回江西，派兵急追。在《王阳明年谱》中有这样的记载："先生闻变，返舟，值南风急，舟弗（fú）能前，乃焚香拜泣告天曰：'天若哀悯生灵，许我匡扶社稷（jì），愿即反风；若无意斯民，守仁无生望矣！'须臾（yú），风渐止，北帆尽起。"王阳明返回时，追兵在后，又值逆风，他的船寸步难行。王阳明立即舍弃了官船，换乘小船，在船头焚香祷告，流着泪说："如果老天怜悯生灵，让我可以匡扶社稷，就请给我一阵顺风。如果老天不眷顾生灵，我也不会活下去了，这里就是我的葬身之地。"不一会儿，风渐渐地停了，风向变了。王阳明连夜行船，摆脱了朱宸濠的追击。

在返回吉安的小船中，王阳明与参谋商议对策。基于对各方面形势的判断，他认为，朱宸濠现在的举措不外乎三种情况：

一是，朱宸濠直奔京师，出其不意。

二是，朱宸濠直接出兵南都南京。

三是，朱宸濠只是占据省城。

王阳明认为，当时南北二京没有任何防备，朱宸濠如果攻打其中任何一处，很可能获得称帝的机会，所以"勤王"是上上之策，首先要设法拖住朱宸濠，不能让他那么快走出江西，要制止他北上进攻南京、北京。

六月十八日，王阳明回到吉安后，立即派人飞报朝廷，宁王朱宸濠谋反了。

宁王朱宸濠，是正德皇帝朱厚照的叔祖。朱宸濠的高祖父是朱权。朱权是明太祖朱元璋的第十七子，被分封到大宁，人称宁王，也是第一代宁王。后来朱权协助明成祖朱棣（dì）造反，夺得他们的侄子建文帝的江山。夺得天下后，朱棣食言，没能兑现当初对朱权平分天下的承诺，还故意把朱权封到南昌做宁王。朱权虽心有不满，但朱棣已贵为天子，也无可奈何。此后这种不满在历代宁王的心中埋下了种子，以至于被时人称为"宁藩世蓄异志"，就是说历代宁王都有造反之心。朱宸濠的父亲是宁康王朱觐（jìn）钧，是第三代宁王。

朱宸濠敢于造反，因素自然非常多。其中重要的一点是，当时的正德皇帝只顾玩乐，到处巡游，朝政极端腐败。宁王朱宸濠认为除掉这样不得人心的皇帝，是符合民心和天道的，也很容易成功，一旦时机到来，绝不可错过，所以早就下定了反叛的决心。1510年，安化王朱寘（zhì）鐇（fán）因反对刘瑾专权，起兵反叛。这次叛乱从举事到失败，前后历时虽短，但却直接加速了刘瑾的倒台、丧生，这无疑给不满正德皇帝统治的朱宸濠做出了"示范"。

在赶往吉安的路上，王阳明首先用了缓兵之计。

他先是伪造密旨，说皇帝早就预料到朱宸濠会谋反，已经派人调查过了，并且还秘密授命起调兵马，狼兵四十八万即将到达江西，埋伏在要害的地方，就等宁王的部队自投罗网。密旨写好了，怎么让朱宸濠获取这一消息呢？王阳明派人找来几个唱戏的人，给了他们足够的银钱安顿好家里，然后将伪造的公文缝到他们的衣服里，又叫他们特意经过朱宸濠监视的地盘。果然，朱宸濠的属下抓了这些唱戏的人，顺理成章地发现了缝在衣服里的公文。朱宸濠看到后心生疑惑，所以没敢立即发兵。这一虚张声势的缓兵之计，对于平定朱宸濠的叛乱至关重要，它既为王阳明到吉安调集军队赢得了时间，也为南京、北京的备防赢得了时间。

王阳明接着又用离间之计，破坏朱宸濠和朱氏集团的核心人物李士实、刘养正的关系，导致他们互不信任。王阳明伪造了朝廷给李士实和刘养正的信件，信中表彰二人归顺的诚心，并鼓励他们继续为朝廷效力，早日发兵东下。王阳明故意把消息透露给朱宸濠，朱宸濠得到消息，对二人起了疑心。这两人不知情况，还劝朱宸濠早日攻占南京。根据王阳明前面的分析，朱宸濠若听从他们的建议，直奔南京杀去，结果将难以预测。这个节骨眼儿上，朱宸濠却怀疑起心腹，而李士实与刘养正也互相疑惧，都不肯承担大事。

当时王阳明的随行参谋龙光和他有这样一段对话：

龙光："先生，您这样设疑兵派间谍，事能成吗？"

王阳明："先别管成不成，你就说他们怀疑不怀疑？"

龙光："少不了起点儿疑心。"

王阳明："只要他们有点儿疑虑，那就大功告成了。"

王阳明这一系列反间计、攻心计，实际上已经收到"不战而屈人之兵"的效果了。

当时的局势已经相当严峻，江西各府县实际上已经陷入瘫痪状态，官员纷纷归附朱宸濠。王阳明很清楚，他所用的反间计，虽然能暂时阻挠朱宸濠拥兵北上，但并非长久策略。彻底平定朱宸濠的叛乱才是根本。如今他只能利用提督四省军务的兵权，迅速在赣州等府调集军队，招募四方勇士，讨伐朱宸濠。

到了七月二日，朱宸濠发现迟迟没有官兵大规模来袭，惊呼自己上当。于是留下一万多兵士防守南昌，自己率军亲征。朱宸濠这次出兵六万，号称十万，一路气势汹汹，出鄱阳湖，过九江，北上直达安庆（在今安徽），围攻安庆城。

俘获宁王

事情并不如朱宸濠预想的那么顺利。安庆城的官兵们死守城池，奋力抵抗，朱宸濠率兵攻打了半个多月，也没有攻打下来。

再说王阳明，他此时预料：朱宸濠攻下安庆之后，必然要沿着长江顺流东下，攻取南京。此时南京想来已经有所防备，不会那么快被攻破。朱宸濠就有可能退守九江，那一场水战就不可避免。于是，王阳明命福建官员即刻调集擅长水战的士兵一万多名，提前做好应战准备。同时，他将朱宸濠可能进攻南京的情况上报。为不让朱宸濠进攻南京的图谋得逞，南京各处及时备战。

王阳明此次发兵平叛，并不是朝廷授命，是他为了护卫家园、抢占先机的主动担当。

到了这个时候，朝廷还没有一点儿动静，更别说发来一兵一卒了。王阳明只能调用自己手中的兵力。一方面，七月十三日他从吉安发兵，向樟树镇（今属宜春）进发；另一方面，抓紧催促江西境内各府县迅速派兵，强令必须于七月十五日到达樟树镇会师。七月十八日，王阳明与各府县的官兵会师于樟树镇，然后大部队立刻向北进发，最后驻扎于丰城。

此时，朱宸濠还兵围安庆城下。王阳明与众将商量作战方案，大家认为：当务之急，应该急速出兵，解救安庆；王阳明认为：九江、南康都被朱宸濠占领，南昌城中有精锐兵力数万人，粮食又积蓄充足，如果出兵直接解围安庆，必须要穿过南昌、南康、九江，朱宸濠必然会回兵反击。我方安庆城中的兵士只够自守，没有富余的兵力可以增援我们。朱宸濠如果调出南昌之兵，就将切断我们的粮食供应，南康、九江兵又可以合围起来追击我们，朱宸濠围攻安庆的军队则会对我们正面进攻。这样一来，安庆之围虽然暂时可以缓解，但我军就会陷入敌人的围困，腹背受敌，而且是孤军作战。安庆之围最终因为咱们的失败，也不能彻底得到解决。这不是上策。但如果从另一方面来考虑，我们会师樟树，声势浩大，驻守南昌城的朱氏军兵知道了，他们心中也会有所害怕，如果趁这个机会集中优势兵力围攻南昌，一定可以攻克，南昌城内的储备足够我们支撑一段时间；南昌是朱宸濠的老窝，他一定会赶来救援。如此，则不但安庆之围可解，我们还可以据守南昌，以逸待劳，最终歼灭他们。因此，大家决定先攻南昌。王阳明对各部进行了合围南昌的严密军事部署。

七月二十日黎明，王阳明部署的官军全部到达指定地点，对南昌发起进攻，很快他们就拿下南昌，占领了朱宸濠的军事重地。攻下南昌，是这一仗的关键：朱宸濠失去了老窝南昌，也就失去了后方的安稳之地，其坚定之心必然动摇。王阳明实施的攻心攻城之计，为最终平定朱宸濠之乱奠定了稳固的基础。

王阳明同时在朱宸濠从安庆回兵南昌的必经之路上设下埋伏，以逸待劳，攻其不备。

朱宸濠这边，听说老巢被端，惊恐不已，立马就要撤兵解救南昌。这个时候，李士养赶紧劝说："安庆城也守不了多少天了，他们已经坚持到了极限，我们攻下安庆后马上去攻打南京，大事一定可成。"然而，由于之前王阳明的离间计，李士养在朱宸濠这儿已经没有信用可言，虽然他的建议是合理的、可行的，但朱宸濠根本听不进去。

直到此时，王阳明所请求的四方援军仍见不到踪影。王阳明太需要增援了，于是他请求两广调动狼兵。但当他了解到江西百姓都畏惧狼兵，而且狼兵还有可能成为朱宸濠的内应时，便立即停止了调集狼兵。

兵力不足，又没有外援，王阳明此时真是捉襟见肘，只能再另想计策了。

王阳明又开会了，大家都认为：朱宸濠的士兵这么多，铺天盖地，我们兵力不足，援兵也不见踪影，如果朱宸濠集中其优势兵力，全力拼斗，我们肯定难以支撑。咱们应该赶紧进入南昌城内，重兵自守，等待朝廷的救援，然后再慢慢平叛。在敌我双方兵力对比悬殊的情况下，这种固守城池、等待援兵的方法，不失为一种自保的良策。

但王阳明认为：首先，宁王起兵谋反，在政治上、道义上是不占优势的，他们烧杀抢掠，百姓苦不堪言，大失民心，而且还没等开战，就用官位爵禄来诱惑军兵作战，已经失去战斗力了；其次，朱宸濠率领的大军围攻安庆，那么久也没有攻打下来，士兵们必然内心焦躁、疲惫不已，即便想退回南昌，南昌已经被我们占领，能否夺回城池也是未知，所以他们的斗志是涣散的。从表面上看，宁王军士气势汹汹，部队都是精锐，不过是一种假象。我们出其不意主动进攻，才是上上策。王阳明这一主动出击以攻其不备的策略，说服了大家。于是，王阳明开始部署在鄱阳湖与朱宸濠决战的总方略。

朱宸濠这个时候已经在带兵回南昌的路上了，依旧气势不减，风帆蔽日，前后数十里，船只不计其数。朱宸濠率军逼近黄家渡时，王阳明指挥官兵迎击，然后假装战败溃逃。朱宸濠也不怀疑，立刻追击，前面追击的队伍速度比较快，后面的队伍没能及时跟进，很快就前后脱节。王阳明派官兵急击，把朱宸濠的队伍截成两段。先前假装逃跑的士兵又杀了个回马枪，前后形成合围之势。朱宸濠的兵士瞬间大乱，四处溃逃。

当晚，朱宸濠逃到一个地方，问手下是哪里。手下说："黄石矶。"南方口音说起这话，听着像"王失机"，朱宸濠一急之下，杀了那个回话的手下。这一举动，表明朱宸濠心里已经极其慌乱了。

而这个时候，王阳明见朱宸濠已经把九江和南康的兵力全部调出，就派人先收复了九江和南康，断了朱宸濠的后路。

七月二十五日，朱宸濠又率兵大举进攻。王阳明这边官兵少，很快就死伤数十人，士兵有些惊慌。江西知府伍文定见此情形，挺身站起于炮铳（chòng）间，火烧着了他的须鬓也纹丝

不动，官兵被鼓舞了，士气大振。伍文定在江西吉安为官时，深得王阳明赏识，他尽心尽力协助王阳明平定了桶冈、横水，从此就一直追随王阳明。

伍文定的火炮终于击中了朱宸濠的船，朱宸濠大败，被擒斩两千多人。

这时，朱宸濠继续犯错，为了保存战斗力，竟然把所有的战船都连在一起，形成方阵。朱宸濠慌乱中竟然忘记了火烧赤壁的教训。当年赤壁之战中，周瑜用火攻，火烧曹军连船方阵，大获全胜。

二十六日，王阳明与朱宸濠决战于鄱阳湖。

王阳明派士兵仿效周瑜，火攻朱宸濠的连船。与此同时，王阳明命人把事先准备好的数十万免死木牌投放到鄱阳湖中，任木牌顺流而下。朱宸濠的兵士看到水面上漂浮着免死木牌，纷纷抢夺起来，跟着木牌四散而去的士兵不计其数。在双方激战之中，朱宸濠还没被抓呢，兵士们就看到一块漂浮在水面上的大木牌上写着"宁王已擒，我军毋得纵杀"，即"宁王已经被擒拿了，我们不要再杀敌了"。当然，这是王阳明事先伪造好的木牌，兵士们一看，惊呼起来："宁王已经被抓了，大家赶紧逃命吧！"宁王军不战而大败。朱宸濠及其部下，全部被生擒。

朱宸濠苦心经营十几年的叛乱，王阳明只用了一个多月的时间，便让其灰飞烟灭。

献俘闹剧

王阳明在与朱宸濠大战的时候，朝堂上也没消停。

兵部尚书王琼接到王阳明上报的两道宁王叛乱的奏折之后，立刻召集六部的大臣开会商议对策。这些人中，有的收受过朱宸濠的贿赂，有的与朱宸濠暗中往来，还有些人则是畏惧朱宸濠的势力，竟然没有一个人敢提出反对朱宸濠的意见。王琼一看众人都成了哑巴，真是义愤填膺，慷慨激昂地说："朱宸濠仓促反叛就是自取灭亡，有王阳明镇守上游，一定能平定朱宸濠之乱。"

王琼当即上奏朝廷。朝廷开始调兵遣将，调往江西的粮饷刚走到山东，叛乱就已被王阳明平定了。

听到这个消息，正德皇帝身边的奸臣就怂（sǒng）恿（yǒng）他御驾亲征。这些人嫉妒王阳明的赫赫战功，因为有王阳明在，他们就无法在皇帝面前邀功；这帮奸臣对维护王阳明的尚书王琼也心怀嫉恨；王阳明的学说独树一帜，对他们的地位也是挑战……桩桩件件，心中不满已积蓄太久，他们必须有所行动，才能维护自己的利益。

昏庸的正德皇帝正想去江南玩耍一番，再显示一下自己的英明神武，于是他带着一万多士兵，浩浩荡荡地出发了。当这一行人到达良乡（今属北京房山）时，王阳明的平叛捷报就到了。可是正德皇帝怎么能善罢甘休？刚刚出发，还没玩呢，不能回去。他不顾朱宸濠被擒拿、战争已经结束的事实，仍然带队南下。

更荒唐的是，这帮误国殃民的奸臣蛊（gǔ）惑正德皇帝：让王阳明把朱宸濠放在鄱阳湖上，皇帝再捉拿朱宸濠一次，以彰显皇帝的英武。

王阳明自然不希望皇帝来，因为他知道，这群人所到之处，百姓都得被扒层皮，真是苦不堪言。王阳明立刻上书皇帝：朱宸濠既已被擒，如果您再御驾亲征，不但会有无妄之灾，还会导致民力疲敝，希望您能够采纳谏言，取消亲征。

他的上书怎么能抵挡得住皇帝的昏庸呢？

王阳明只得押着囚车，从水路出发去拦截正德皇帝一行人。王阳明之所以没有派部下去，而是亲自押解朱宸濠上京，既是为了避免发生意外，同时也是为了粉碎朝中那些奸臣的阴谋。正德皇帝分别派出锦衣卫和东厂太监，几次三番，要从王阳明这里带走朱宸濠，王阳明应对自如，没让他们带走朱宸濠。

太监张永深知王阳明忠心耿耿，他以调查朱宸濠谋反的详细情况为借口，先来到杭州府等候王阳明。王阳明见到张永后，对他讲明了江西的情况，历经劫难的江西百姓经不起再次的搜刮了。张永也深有同感，说："我这次来，不是来抢功劳的，因为皇帝身边都是小人，顺着他们，还可以挽回一些，若是激怒这些小人，天下百姓遭殃呀。"尽管自古以来宦（huàn）官之中很少有良善之辈，但张永曾与杨一清一起铲除了宦官刘瑾。王阳明知道张永是一位重要人物，就将朱宸濠等一干俘虏交给了张永。

交出了朱宸濠，王阳明就到西湖净慈寺养病。其实养病只是借口，王阳明一直在焦急地等待正德皇帝撤兵返回京师的消息，免得江西人民再遭荼毒。但他完全不曾料到的是，正德皇帝继续南游，已经到了扬州。王阳明顾不得自己的病体，即刻从杭州起程，前往镇江，想要面见正德皇帝，劝他返回北京。对于王阳明的这一非常举动，杨一清竭尽全力劝阻。而恰在这时，王阳明接到了朝廷的新的任命。

原来，张永见到正德皇帝后，奏明王阳明如何忠心耿耿，让人动容，还请皇帝不要批准王阳明辞官回乡的请求。虽然江西盗匪大多已降伏，但百姓情绪依旧不稳定，眼下能够安宁无事，都是因为王阳明率领的军兵防备森严，谁都不能保证盗匪不再起叛乱。正德皇帝害怕了，赶紧任命王阳明兼任江西巡抚。

皇帝身边的奸臣们又上奏说："我们愿意亲自到南昌搜捕朱宸濠的残余力量，替皇帝排忧解难。"得到皇帝许可后，他们率领北军约两万人，抢在王阳明之前到达了南昌。刚刚稳定的南昌城，由于他们的到来，又陷入一片混乱之中。军马屯驻，花费巨大，百姓已经不堪重负了，这些人竟然借着捉捕朱宸濠余党的名义，乱杀百姓，用无辜百姓的首级冒领军功，百姓的抵触情绪愈来愈强烈。

对王阳明而言，这无疑又是一场突发的变故。他不仅要压抑内心的愤懑（mèn），还要为江西人民日子好过一点儿而尽力斡（wò）旋。他下令让南昌市民移居到乡下去，只留老病弱小在家看门，以免惨遭枉杀。王阳明同时还安抚北军，犒赏兵士，稳定军心。有一天，王阳明在路上遇到北军出丧，问明情况后，立即赐下棺椁，还与北军一同奔丧。北军兵士感受到王阳明的真诚与温暖，越发真心信服王阳明，更想着早日回到家乡，回到亲人身边。

其间还发生过一件趣事。奸臣们想让王阳明在北军面前出丑，提出比试箭术。他们以为王阳明出生于南方，射箭功夫一定很糟糕。没想到王阳明答应了，双手挽弓，飞箭离弦，三发三中。当王阳明射出的每一箭正中靶心时，在场的北军就拍手喝彩。奸臣们一看，不得了，北军已经全部信服王阳明，如果这样时间久了，不好办，只得带着北军离开了。

可奸臣们岂会轻易认输呢？这些人此时对王阳明已经由嫉妒生出恨意，又开始挑衅。他们在正德皇帝面前大进谗言，诬陷王阳明在江西拥兵自重，肯定要举兵谋反。1520年正月，皇帝下诏，要王阳明进京面圣。王阳明立即从南昌起程，前往南京。为了不让王阳明见到正德皇帝，这些人又设计阻止他，命他在芜湖待命。王阳明在芜湖逗留了半个月，无奈之下，只得上了九华山，每日在草庵中静坐。为了探查王阳明是否有反叛的心思，正德皇帝派亲卫打探他的动静。打探清楚情况之后，亲卫向皇帝回报说："王阳明是个学道的人，如果您下诏召唤，他一定前来。哪来的谋反之说呢？"于是，正德皇帝下令，让王阳明返回南昌。

七月，正德皇帝还是没有起程回京的意思，依然逗留在南京。王阳明真是心急如焚。此时，这些奸臣还想把王阳明擒获朱宸濠的功劳说成是他们自己的，于是向正德皇帝献上朱宸濠，以此邀功。张永得知此事后，劝他们：王阳明生擒朱宸濠之事，世人早都知道了，这么做不行呀。一计不成，又生一计，奸臣们让王阳明修改奏折，改奏擒获朱宸濠的战功应当归于威武大将军（正德皇帝），而捷报上也要写上他们的名字。王阳明并无半点儿贪功之心，只希望百姓能够安宁度日。他赶紧按照奸臣们所说的，修改了奏折，奸臣们这才开始劝谏正德皇帝北归。

王阳明接到皇帝率众北归的消息后，在给学生顾应祥的信中写道："……不胜喜悦……此宗社之福，天下之幸，人臣之至愿，何喜何慰如之！"书信中表达了他的喜悦之情、安心之感。

此时，江西境内仍有一些流窜的寇贼，王阳明决定一边伏击流寇，一边借此机会整顿兵马。为了安抚百姓，王阳明处置了朱宸濠搜刮掠夺来的财物，代百姓们交租税，又改善贸易，想尽一切办法安顿民生，民心这才稍稍稳定下来。

王阳明灭掉朱宸濠，用时三个月，可是献俘闹剧却费时近一年，其中的心力憔悴、倍受屈辱，自不必说。对于王阳明而言，一切荣辱都可以置之度外，但是弟子冀元亨的遭遇，却让他痛心不已。

在朱宸濠叛乱之前，王阳明曾派自己最为信任的弟子冀元亨去给朱宸濠讲学，以引导和改变朱宸濠，还一边让他留意朱宸濠的情况。过了一段时间，冀元亨向王阳明报告了朱宸濠的情况："朱宸濠不可能回心转意，他谋反之心十分坚定。"后来，王阳明得知冀元亨在讲学时婉转地劝告朱宸濠忠心报国，惹恼了朱宸濠，可能有危险，便派遣人护卫冀元亨从小路回到了故乡。当朱宸濠叛乱的消息传来后，冀元亨料到王阳明必然发兵，便立刻赶到了王阳明的军营，协助老师平叛。然而，在王阳明平定了朱宸濠之乱后，奸臣想要设计陷害他，种种计谋都没能奏效，便派锦衣卫逮捕了冀元亨，严刑拷问，百般折磨，逼迫冀元亨招供："朱宸濠之乱前，你到他那里去，是奉王阳明之令前去与他签订秘密盟约的吧？快从实招来。"冀元亨一言不发。这些奸佞小人竟然将冀元亨的妻女也打入大牢。在狱中，冀元亨保持了傲然风骨，不仅与囚徒们情同手足，还把大牢变成了学堂，每天给狱友们讲学。

冀元亨下狱之后，很多大臣都上书为他辩护。王阳明心急如焚，呈上了《咨六部伸理冀元亨》说明冀元亨是自己派去探查朱宸濠实情的，又表明自己即便一死，也难以消减对冀元亨下狱之事的愤恨。

直到 1521 年，也就是嘉靖帝朱厚熜即位之后，冀元亨才被
释放。可是，在出狱后的第五天，冀元亨就病死了。王阳明闻
讯难抑悲痛，恸哭不止。

读故事·学知识

六神无主

形容十分慌张，失去了主见。六神，道教指主宰人体的心、肺、肝、肾、脾、胆等六脏的神灵。

反间计

原指使敌人的间谍为我军所用，或使敌人获取假情报而有利于我军的计策。后指用计谋离间敌人引起内讧。

出自《三十六计·败战计》，败战计包括：美人计、空城计、反间计、苦肉计、连环计、走为上计等六计。反间计属于第三十三计："疑中之疑。比之自内，不自失也。"意思是，识破敌方的疑阵，并反设疑阵。利用敌方的间谍获得信息，取得胜利，而我方不会有任何损失。

不战而屈人之兵

原指使敌方丧失战斗力，获得胜利。现多指不使用武力便能使对方屈服。

出自《孙子兵法·谋攻》："是故百战百胜，非善之善者也；不战而屈人之兵，善之善者也。"意思是，所以说，百战百胜，并不是最高明的；不交战就能使敌军屈服，才是最高明的。

赤壁之战

东汉末年，曹操率军南下，意图一举灭掉刘备，再吞并江东的孙权。孙权与刘备联手共同抗曹，双方在长江赤壁（今湖北赤壁西北）一带对峙。曹军多是北方人，不擅乘船水战，于是曹操命人将所有船只首尾都连接起来，人马跑在上面十分稳当。为孙权统兵的都督周瑜听说后，便与刘备的军师诸葛亮商议，准备用火攻。周瑜的部将黄盖假意率兵投降曹操，实际上带来的船只上装满了柴草、油脂等助燃物，趁着东南风，冲进曹军大营，大火顿起。而曹军的战船都用锁链连在一起，士兵又不擅游泳，无法逃脱，死伤惨重。

孙刘联军趁势追击，曹军大败，退回了北方。赤壁之战是中国历史上以弱胜强的著名战例，为而后形成魏、蜀、吴三足鼎立的局面奠定了基础。

义愤填膺

意思是胸中充满了因正义而激发的愤怒。膺（yīng），胸也。南朝梁江淹《恨赋》："置酒欲饮，悲来填膺。"

七

王阳明第三征

三征之前

·

1521 年，王阳明五十岁，这一年，王阳明的心学思想迎来了一次飞跃。经历了朱宸濠之乱毫发无伤，他越发相信，心有良知，就能存善，就能除恶。五月，王阳明在白鹿洞书院聚集门人，首次大力宣扬"良知"说。九月，王阳明回到家乡余姚，终于见到了老父亲，然后又去祭拜了祖先。王阳明幼年丧母，是由祖母抚养长大的，他一直为自己没能送老人家最后一程而心有遗憾，悲恸不已。王阳明从佛道之中能够抽身而出，就是因为他是至孝之人，他割舍不下对亲人的感情。

回家这段日子，王阳明很是畅快，他每天与亲朋好友饮宴作乐、游山玩水，随时随地讲良知学。这期间，前前后后有八十多名志同道合的人前来拜王阳明为师。

与此同时，朝廷因为王阳明平定了朱宸濠之乱，于十二月下诏授王阳明爵位——新建伯，同时封赏王家三代及其妻室，

每年有禄米千石，而且这些封赏都可以传给子孙后代。这一封赏距离朱宸濠之乱平定已经过去了整整两年。朝廷宣旨的官员到余姚时，正值王华大寿，亲朋好友齐聚一堂。王华此时却很严肃地对王阳明说：

宁濠之变，皆以汝为死矣而不死，皆以事难平矣而卒平。谗构朋兴，祸机四发，前后二年，岌（jí）乎知不免矣。天开日月，显忠遂良，穹官高爵，滥冒封赏，父子复相见于一堂，兹非其幸欤（yú）！然盛者衰之始，福者祸之基，虽以为幸，又以为惧也。

龙山公的这段话，说的是："先前宁王作乱时，我们都以为你必死无疑，没想到你不仅活了下来，还侥幸平定宁王，立下大功；随即朝中就流言四起，污蔑你勾连叛贼，当时情况危急，几乎难以幸免。好在老天有眼，没有让你蒙冤遭祸，如今还得到了朝廷的敕封，这真是莫大的幸事。然而兴盛是衰败的开始，福禄是祸患的根底，虽然是幸事，也要谨慎才行。"

王阳明跪在地上，对父亲说："父亲的教诲，正是孩儿日日夜夜铭记于心的。"王华对儿子的训诫，也让众人叹服。王阳明深知父亲这是在告诫他祸福相依的道理，希望自己面对无上的荣誉能够保持清醒。这是何等智慧的父亲呀。

1522 年正月初十，王阳明上书辞让新建伯这一爵位，却未被批准。王阳明辞让封爵的理由是什么呢？他认为平定朱宸濠之战，不是自己一个人的功劳，是众多官兵一起奋战得来的，朝廷还未曾奖励有功的将领和官兵，自己没理由独享功劳。王阳明不仅阐述了事实，也借此披露了自己的至诚之心。

这年的二月，王阳明的父亲病情突然加重，生命垂危。此时朝廷又派使者来到王家，进封王阳明父亲王华为新建伯，追封祖父王伦、曾祖父王杰为新建伯。王华虽是重病缠身，却说："虽然仓促，但是怎么能废礼呢？"听说儿孙们都已经准备好，册封礼完成了，他才瞑目，享年七十七岁。

其实，此次朝廷这道圣旨是 1521 年末下的，为何晚了将近两个月才到呢？因为当时宰辅杨廷和等人嫉妒王阳明，数次阻止朝廷对他论功行赏。

老父亲病逝，王阳明悲伤过度，又因疲惫交加，病倒在床。由于不能与远道而来的朋友会面，他在墙上挂了一幅"壁帖"，其中写道：

夫孔孟之训，昭如日月，凡支离决裂，似是而非者，皆异说也。有志于圣人之学者，外孔孟之训而他求，是舍日月之明而希光于萤烛之微也，不亦谬乎！

王阳明在病榻之上，还挂记着朋友和弟子们的思想修行，这一段是告诫众人：要坚持学习孔孟的思想，舍弃孔孟思想而学习其他的思想，就像舍弃日月的光明而去寻找蜡烛的微光一样。

在这期间，王阳明再次上书请求辞让封爵。在这封奏疏里，王阳明更进一步陈述了与自己患难与共的将士们的处境：有的将士功绩被删改，有的将士还受到处罚，有的将士被授予闲职，有的将士被诬为不忠加以贬谪。王阳明再一次申述他们立功的事实，请求朝廷论功行赏。然而并未得到批准。

1525 年正月，王阳明的夫人诸氏去世，二人相濡以沫数十年，王阳明悲痛欲绝，茶饭不思，伤怀不已。

诸氏，就是前面提到的，王阳明十七岁时娶的正妻。虽然诸氏一直没有孩子，但王阳明并不在意这件事。《万历野获编》有这样一句话："如吾浙王文成之立功仗节，九死不回，而独严事夫人，唯诺恐后。"意思是王阳明军功赫赫，无惧生死，可谓大丈夫，但对夫人尊敬有加，但凡夫人有所吩咐，都会及时去做，生怕迟了夫人会不高兴。可见王阳明对妻子多么宠爱呵护。诸氏也真挚地爱敬王阳明，甚至可以舍身相救。

传说，当年朱宸濠追赶王阳明的时候，诸氏正与王阳明坐在官船上，官船的目标大，当时还是逆风，为了尽快赶路，王阳明只能改乘小船。但小船只能坐下王阳明和两名参谋。王阳明担心船上的夫人，不忍离去。诸氏提剑在手，逼迫他离开。可以想象，诸氏当时下了怎样的决心。

还有，王阳明从吉安出兵攻打南昌，诸氏命人把官宅四周都堆上柴草，告诉众人："如果前方传来相公失利的消息，就点燃柴草，共赴黄泉。"

1522～1527 年，是王阳明集中讲学的时期。五年来，他赋闲在家，潜心完善自己的思想，致力于良知说的传播。所谓"新建伯"的封号，对王阳明来说只是虚名，实际的俸禄并没有落实，但他从未放在心上；对于平定朱宸濠之乱以来蒙受的诽谤、谗言、嫉妒，他也超然对待，一味沉浸于自己心体光明的世界里。这段时间的讲学活动，参与的学人众多、影响深远，在王阳明一生的讲学活动中是空前的。绍兴成为当时王阳明学说对外传播、扩散、辐射的中心地。

思恩、田州投降了

王阳明之所以能立下赫赫军功，除了他年轻时热衷兵法，深谙（ān）用兵之道，且善于活学活用，更重要的是他在战争中运用了自己的心学智慧，因此《明史》这样评价他："终明之世，文臣用兵制胜，未有如守仁者也。"明朝，文臣用兵制胜的人，没有超过王阳明的。

要讲王阳明的第三次征战，首先需要交代明代少数民族的管理制度。

明朝初年主要任用当地世袭的官员，也就是土司来管理。1525 年以后，朝廷政策有了变化，用流官代替土司。如果当地发生叛乱，流官会借助当地的武装力量讨伐叛军，土司也给予协助。然而，叛乱平定之后，朝廷多会把所有军功赏赐给流官，土司很少能得到回报。岑氏一族是广西势力很大的首领，岑猛父子对朝廷新政非常不满，就起兵叛乱。

1526 年，朝廷派姚镆（mò）前去讨伐，他成功擒获了岑猛父子，但岑猛的部下再次拥兵造反，攻下了思恩、田州两座府城。姚镆再次前往征讨，却败下阵来。

1527 年，兵部使者将圣旨送到王阳明手中，朝廷派他去平定思恩、田州之乱。王阳明上书，说自己重病在身，无法担当重任，表示婉拒。朝廷怎么能容许，很快驳回。圣命难违，王阳明不得不奉旨出征。

王阳明曾感叹朱宸濠之乱已过去这么多年，那些奋勇杀敌的官兵们还没有论功行赏。他对思恩、田州的叛乱自然看得清楚，认识得也很深刻。

出征前夜，王阳明在天泉桥上对高徒钱德洪和王汝中讲学，裁定二人对四句教"无善无恶是心之体，有善有恶是意之动，知善知恶是良知，为善去恶是格物"的辩论，这就是王阳明心学史上著名的天泉证道。王阳明心学有三次闻名的证道：第一次是龙场悟道——心即理，第二次是南昌征战——致良知，第三次就是天泉证道——四句教。心学体系至此已经完善。

这次王阳明广西之行是对心学的又一次验证。

王阳明接管了出征广西的六千多名湖广士兵。九月，王阳明从故乡出发，踏上了他最后的征程。王阳明先到达南昌府，

南昌府曾是朱宸濠之乱的主战场，王阳明在这里有崇高的声望。王阳明还没到，码头上就挤满了前来迎接他的军民，街道也被挤得水泄不通。来官衙拜见王阳明的人络绎不绝，官府只得安排他们从东门进，然后从西门出，有很多人出去后，又排队再进来。从上午八点左右开始，一直到下午两点才结束，之后官军又举行了正式的欢迎仪式。第二天，王阳明去拜谒了孔庙，然后在明伦堂讲《大学》，堂内挤满了听众，还有很多人挤不进去，宁可站在门外听讲也不离去。

王阳明离开南昌后，到达吉安府。这里与他渊源颇深：之前从龙场被释放后，到其辖下的庐陵做知县；朱宸濠之乱爆发时，他在这里举兵讨伐朱宸濠。来到这里时，王阳明的三百多门人出迎，因为时间有限，他只能站立讲学。

接下来，王阳明又从吉安府到达南安府。这一带是王阳明"三征"中的第一征，即讨伐南赣贼匪的主战场。

王阳明最后的出征之旅，一路走过，都是他曾经驻留并有深厚情感的地方。

王阳明进入广东南雄府地界，已经病到无法步行，肺病引起的咳嗽，迟迟不好。

十一月，王阳明抵达广西梧州府，他把这里作为讨伐思恩、田州的根据地。接着，王阳明沿浔（xún）江、郁江西行，朝着位于思恩、田州地区南部的广西南宁府进发。

这一路上，王阳明一直在做调查，留心沿途所见所闻，访听文人官员的建议，还在休息间歇与行人闲聊。他到南宁府后听了军官汇报的情况，加上一路上的调查，很快形成了解决思恩、田州之乱的基本思路。于是他上书朝廷，大致意思：第一，岑猛父子虽然可杀，但是导致他们反叛的起因，是当时朝廷官员处置不当。而现在朝廷不承担责任，还要讨伐，于情于理都说不过去。第二，之前地方官员气愤的是岑猛父子，目前岑氏父子都已经死了，恶气也出了。第三，从军事上来考虑，如果朝廷决意要征剿，即使侥幸成功，也会浪费人力、物力、财力，无法振扬威武、信服边陲。接下来，王阳明又提出两点建议：第一，赦免造反的卢苏、王受二人的罪行，鼓励他们改过自新。如果二人冥顽不化，再讨伐他们。第二，主张思恩、田州的管理应以当地土司为主，这样有助于本土的防御。王阳明的见解很是高明。

与此同时，王阳明听闻卢苏、王受想要归顺，判断是他们要开始春耕了，于是十二月底，王阳明发布指令，命令解散和撤退除远道而来的湖广兵之外的思恩、田州地区数万名士兵，让他们休养生息，专心务农。王阳明没有解散湖广士兵，暂时让他们守卫思恩、田州地区的城池，直到沿途需要的马匹粮草齐备才撤退。王阳明解散守备兵、安抚民心，又不解散湖广士兵，在解散与暂留之间隐藏着他的深谋远虑和战略眼光。

思恩、田州叛乱的头目卢苏、王受得知王阳明奉旨前来广西，他们久闻王阳明的大名，又听说王阳明主张以安抚为主，投降的念头就日益坚定。他们见王阳明赴任后立即解散和撤退数万名守备兵，就于 1528 年正月初七，派部下头目十几人到南宁府王阳明军营前，请求投降。王阳明说："如果你们真心投降，给你们一条重生之路，绝不会杀戮（lù）。你们本无大罪，但是却让无辜百姓流离失所，又使朝廷兴兵。给你们二十天的考虑时间，如果不能遵守家国法度，只有死路一条，我将进兵讨伐。"卢苏、王受等看到部下带回来的信，高兴地对信叩拜。正月二十六，卢苏、王受率领部队来到南宁府城下自首。第二天，卢苏、王受率部下头领数百人来到王阳明军营，用绳索捆缚自己，表示投降，并历数自己的罪状，恳求王阳明免除死罪。

王阳明对卢苏和王受说："你们占据险要，拥兵作乱，上使朝廷忧虑，下扰百姓生活，不惩罚不足以平息军民的愤怒。"于是将二人各处以杖刑一百。王阳明还来到他们的军营，抚慰众人，叛军们感动得声泪俱下，誓死报效朝廷。王阳明又委派熟悉当地情况的官员负责监督，让七万多名叛兵全部回乡，结束时已是二月初八。

思恩、田州之乱就这样在极短的时间内被平定了。王阳明总结说："不折一矢，不戮一卒，而全活数万生灵。"没有折一支箭头，没有杀一个人，保全了数万生灵。思恩、田州之乱正如王阳明自豪地陈述的那样，他完美地发挥了"神武不杀"的威力。其中主要原因是卢苏、王受等人对王阳明很是崇敬，清楚他的人品，被他的恩威所折服。

在战争之后，王阳明向来都注重百姓生活的安定，注重教化当地百姓。

思恩、田州的战事已经平息，王阳明就又上书朝廷：这里地处偏远，不适合用中土的治理方法，重新设置流官也是不可行的，让朝廷重臣驻扎思恩、田州地区更是万万不可。现在当地的农业生产虽然已经恢复，但是从广西中心梧州到偏远的思恩、田州，走水路要花一个月时间，由于连年战乱，官衙和民房都被烧毁，现在依旧是悲惨萧条的景象，所以需要朝廷委派老成宽厚的官员来思恩、田州安抚民心。王阳明还指出思恩、田州刚刚收服，应当建立学堂。由于战乱，很多居民流离失所，建学堂可能不会很快有学生来，不过为了改变民风，官府应抓紧设置学堂，为教化当地百姓做好准备。他还命人从广州县学选派两名教师来思恩、田州进行教学。

在王阳明的努力下，思恩、田州人民的日常生活与生产、地方管理制度等都逐渐恢复，兴办的学校也开始启迪人心，悄然间有了欣欣向荣的气象。朝廷委派给王阳明在广西的任务已经圆满完成，他准备离开思恩、田州，向朝廷复命了。

最后一战

　　王阳明的举措，感动了当地人，在他离开思恩、田州前，当地百姓已经和他无话不说了。他们和王阳明说，其实思恩、田州的盗匪不算什么，让他们生不如死的是断藤峡和八寨的盗贼。

　　八寨这个地方，地势险峻，因为都泥江从中穿流而过，两岸都是悬崖绝壁，而沿都泥江东下，黔（qián）江两岸便是断藤峡，这里高山夹峙（zhì），山势巍峨，江水激流翻滚，让人望而生畏。盗匪把老巢筑在悬崖断壁之间，占据着天险，还拥兵数万，而且不仅八寨和断藤峡互相沟通联络，他们对外也很活跃，和东西南北接壤的各地盗匪都有联络，四处出没，烧杀抢掠，使百姓生活在水深火热之中。

　　此时王阳明的身体虚弱极了，可他不会弃百姓于不顾，决意对断藤峡、八寨等进行清剿。王阳明经过调查，知道这两处的盗贼根本没有放下屠刀的想法，所以必须围剿。对付残忍的盗贼，应该扰乱他们，虚虚实实，声东击西。

王阳明到广西之后，断藤峡和八寨的盗贼们知道他来了，便闭门不出，加紧防备。又听说王阳明收复了卢苏和王受，更是有些害怕。但是盗匪断粮多日，也是难忍饥饿，这时传来好消息，说王阳明去办学了，他们想王阳明这是安顿完了要走人了，就又开始出寨抢劫。

王阳明制订好计划之后，放出消息，要在五天之内去攻打断藤峡和八寨，盗贼们顿时紧张起来，但是五天过去了，什么事情也没有发生。盗匪又去打探情况，原来王阳明身体不适，要回浙江疗养去了，而且一直没有出征的迹象，也没有看到调兵储粮的动静。过了几天又得到消息，王阳明来广西，朝廷派的任务就是收复思恩、田州，并没命令他攻打八寨和断藤峡。这下盗贼们悬着的心终于放下了。

而卢苏、王受接受了招抚，为表达感激之意，愿意为攻打断藤峡、八寨出力。王阳明下令让他们先回到驻地，休息三个月。接着，王阳明又大张旗鼓地将湖广的士兵遣回，而且还下令沿途不得骚扰居民。盗匪一看王阳明把部队都遣散了，肯定不会征讨了。

当然，王阳明公开遣散士兵和撤军的行动，是演给盗匪看的，实际上是一次真正意义上的军事调动。他暗中令湖广士兵协同官军，做好准备；又让卢苏、王受做好对八寨、断藤峡各寨进行突袭的准备。王阳明要求官兵在行进过程中偃（yǎn）旗息鼓、肃静行军，为了不发出声音，让人、马嘴里衔着东西，深夜进发，官兵通过村寨时，居民都没有觉察到。四月的一天凌晨，两路军马从不同方向，抵达盗匪老巢，对断藤峡和八寨发起进攻。

卢苏、王受率领的队伍先是猛攻八寨的石门，他们突然来袭，贼兵手足失措，难以抵挡强大的攻势，不一会儿就投降了。八寨之战很快接近尾声。这个时候断藤峡之战才刚刚开始。官兵们先是猛攻断藤峡，然后放火烧山。打到一半的时候，王阳明派人送信说八寨已经被攻下来了，还要嗓门大的士兵们高声齐呼："八寨被拿下了。"断藤峡的盗匪一听八寨被攻破了，立马泄了气，很快缴械投降。而此时，八寨最后的据点还在顽抗，他们看到断藤峡浓烟滚滚，就更是困兽犹斗，誓死顽抗。官兵们一见这情状，开始感到惧怕了。此时卢苏、王受扯着响彻山林的嗓门，喊道："杀呀！冲呀！"在这激情口号的激励下，官兵们最终把盗匪的气势压了下去，拿下据点，接下来继续清剿。

官军平定断藤峡、八寨的乱贼后，远近的百姓们奔走相告，

一派欢腾，都说数十年来，第一次见到这么痛快的剿匪行动。

这一战从 1528 年四月持续到六月。七月，王阳明上书朝廷，汇报了征剿断藤峡、八寨的情况，还上报了各级指挥官的姓名，甚至包括卢苏、王受，请求朝廷对他们论功行赏。过了两天，王阳明又上书朝廷，指出断藤峡、八寨的乱贼常年祸害周遭的百姓，百姓苦不堪言，战乱之后如何让百姓安居，如何使此地长治久安，朝廷不能坐视不管。他还提出了各种对策，不仅考虑到军事防御，还考虑到如何让百姓的生活更便利，如何更好地利用当地的环境资源。八月，王阳明又拖着羸（léi）弱的病体，赈灾救济了南宁府，布置了各地的防守，犒赏参与断藤峡、八寨战斗的有功的官兵们。

王阳明到达广西一年多，不以自己的病躯为重，而是专注于运筹帷幄，平息叛乱，安定百姓。

可是，王阳明的断藤峡、八寨之战，却在朝廷上引起了一场口水仗。一方主张，应当重新调查王阳明平叛乱贼的情况，因为朝廷命令王阳明去平定思恩、田州，但对断藤峡、八寨盗匪的平叛，王阳明则没有得到朝廷旨意，擅自行动，应当受到处罚；一方主张，王阳明沉机不露，行动迅猛，才一举扫清祸乱当地数十年的断藤峡、八寨的祸乱，让人叹服，应当嘉奖。

九月，嘉靖皇帝为褒奖王阳明平复两广的功绩，派使者带着圣旨和赏银来到王阳明的住处。王阳明感恩不已，上书皇帝，说自己病情日益严重，每天卧病在床，估计这辈子不能再为朝廷奔走了，也见不到皇帝了，表达了他对君王、对国家的赤诚之意。

王阳明到达南宁之后，再次上书，这是他此生最后一次上书，他谈了自己的病状，请求朝廷允许他回家乡调养。这样一封充满哀恳之意的上书，竟然被朝中权贵扣留下来，没有上报。

王阳明该走向何方呢？

读 故 事 学 知 识

相濡以沫

原指泉水干涸，鱼以唾沫相互润湿。比喻在困境中以微弱的力量彼此帮助。濡（rú）：沾湿。沫，唾沫。

出自《庄子·内篇·大宗师》："泉涸，鱼相与处于陆，相呴以湿，相濡以沫，不若相忘于江湖。"意思是，泉水枯竭了，鱼儿相互依偎着困在陆地上，靠呼气得到一点儿潮湿的气体，靠唾沫相互润湿，还不如彼此忘却，自由自在地畅游于江湖之中。

困兽犹斗

原指被围困的野兽仍然要做最后的挣扎。比喻人在困境中还要奋力抵抗。

出自《左传·宣公十二年》，春秋时期，楚国攻打郑国，郑国向晋国求援。晋景公派大将荀林父率兵前去援救，结果惨败。

晋景公盛怒之下，立即命人将荀林父绑了。这时，大夫士贞子上前阻止，并对景公说："在晋国与楚国的城濮之战中，晋国大获全胜，军民无不欢庆。可是，晋文公却并不高兴。众人都觉得很奇怪，怎么打了胜仗还不开心呢？晋文公说：'这次我们之所以打了胜仗，是因为采用了正确的作战策略，不过是一时的，可楚国的主帅成得臣还在啊。困兽犹斗，更何况成得臣是一国的宰相呢？他迟早是要卷土重来的，我们有什么可高兴的呢？'后来，直到听说楚成王杀了成得臣，晋文公才终于面露喜色，说：'我的忧患终于没了。'这是晋国的再次胜利，是楚国的再次失败，而且楚国由此转衰。如果您现在杀了荀林父，就等于帮助楚国获得了第二次胜利，而我们也连续失败了两次，晋国想要强盛还要更长时间。"晋景公听了，就赦免了荀林父等人。

八

此心光明

　　1528 年，王阳明已经五十七岁了。平定广西乱贼后，他感到疲惫不堪，身体将至极限。他知道自己时日不多了，要早点儿回家乡，于是不等朝廷答复，把政事安排好之后，就从南宁顺水东下，打算边走边等朝廷派来接任他的官员，做好交接。

　　王阳明刚到广州，嘉靖帝朱厚熜派使臣传来诏书，褒奖他的功绩。王阳明在广州休养了一段时间。

　　在此前后，王阳明拜谒了伏波将军马援的祠堂。他叩拜伏波将军雕像时想起了四十年前的梦，还作了两首诗，其中一首写道：

四十年前梦里诗，此行天定岂人为。

徂（cú）征敢倚风云阵，所过如同时雨师。

尚喜远人知向望，却惭无术救疮（chuāng）痍。

从来胜算归廊庙，耻说兵戈定四夷。

王阳明开篇就抒发了能在四十年后拜谒自己梦中的马援将军的

慨叹：一切都是天意。接下来，赞美马援既能在战场上叱咤风云、奋勇杀敌，又如及时雨一般福泽民众。第三句写自己虽然被老百姓寄予希望，但却没有办法救百姓于水火之中，他很惭愧。结尾说，自古以来战争决策和胜利成果都属于朝廷，作为将帅都羞于说是自己平定了四方。三、四句其实说了特别实在的话：朝廷只让我带兵打仗，最终决策和功绩都不是我的，都是朝廷的，我哪有权力去拯救百姓，面对百姓只有惭愧不已。王阳明在这首诗里将自己与马援、理想与现实进行了巧妙的对比，展现了他历经坎坷后无可奈何甚至无比遗憾的复杂心境。可以想象王阳明当时的心境。

王阳明前往增城，拜谒了六世祖王纲的祠堂，写了一篇深切缅（miǎn）怀的祭文，其中对比了自己当下的情形，感慨无限。王阳明还拜访了湛甘泉的家人，当时湛甘泉还在京城。王阳明在湛家感受到了亲人般的温暖，湛家的孩子们对他像对父亲般恭敬，仆人们对他也很热情。王阳明追忆起二人一起致力于复兴圣学的情景，不禁感慨万千，就将这种心情寄怀于诗中："落落千百载，人生几知音。道通著形迹，期无负初心。"（《书泉翁壁》）饱含了王阳明对湛甘泉的无限思念，还有无限的欣慰，他们从未忘记初心——成圣贤。

　　王阳明在广州前后的行迹，仿佛一个要离世的人，与自己的过往告别，完成心愿。

　　王阳明的病情不断恶化，甚至不能坐立，身体状况令人十分痛心。尽管病情如此，王阳明还是期盼着早日回乡，憧憬着和门人一起讲学。王阳明此时仍然惦念着门下弟子的讲学状况，对家乡子弟们的学问修养也关心备至。这一点从他这段时间写给高徒钱德洪与王汝中二人的书信中便可看出。

　　王阳明到了广东和江西的交界之处，仍然没有等到朝廷新任命的巡抚来接任。王阳明哪里知道，他的奏疏已经被扣留了。他此时下定决心从广州府出发，乘船渡过北江，北上江西。

　　王阳明知道自己不能再等了，他下船乘轿越过广东、江西的边界梅岭关，进入江西省南安府后，再次登船。

　　当时弟子周积和张思聪听到消息，前来迎接老师，他们进船给老师请安，对老师的病情震惊不已。而王阳明最关心的还是弟子们的学问是否精进，见到他俩就问："最近学习如何？"弟子们哪有心思，简短回答之后，赶紧询问老师的病情，并立即请来大夫，但终是徒劳。

　　王阳明的船还在慢慢前行，夜幕下，船已经走到不能再走了。

王阳明问："这是哪里？"答："青龙埔。"

1528 年十一月二十九日上午，周积看着气若游丝的老师，潸（shān）然泪下，问："老师，您有何遗言？"王阳明微微地笑着说："此心光明，亦复何言。"说完，闭上了眼睛。

王阳明就这样离开了人世，享年五十七岁。他的一生，实现了人性的最高境界，无愧家国天下，心中永葆光明，真的是无须多说什么了。

赣江水流呜咽，为王阳明痛惜不已，也为天下痛惜不已！

弟子们对老师的离世早有准备，王阳明离开广东的时候，弟子们就准备了棺木的材料，随船而行。因为有所准备，一切都有条不紊。十二月三日，王阳明的遗体在南安府公馆入殓，第二天王阳明的棺椁上船，远近的百姓、官兵都赶来和他告别，哭踊（yǒng）于路，水泄不通。王阳明的棺枢经过江西沿途各地，男女老弱都是衣着缟（gǎo）素，匍匐哀迎，哀恸不已。到了浙江境内，沿途的各府官员都来亲自吊唁，门人子弟，痛哭欲绝。1529 年二月四日，到了绍兴，听说先生回来了，门人都来拜别，络绎不绝，如同王阳明在世。十一月十一日，王阳明的灵枢被安葬在绍兴城外的高村，是他生前自己选定之地。

王阳明的离世受到了百姓的缅怀，整个江南山摇地动，这

是普通百姓的良知，他们知道王阳明是一个心有慈悲、心怀天下、心装百姓的人，对这样传奇、仁爱的人必须要致上他们最诚挚、虔诚的敬意。

斯人已逝，但是嫉妒的、没有良知的作恶者的诋（dǐ）毁从未停止。1529年二月，王阳明去世的消息传到了京城。当时的辅臣桂萼立马上奏说，王阳明没有等待朝廷的命令就擅离职守，简直是居功自傲、目无朝廷。嘉靖皇帝因此勃然大怒，决定进行朝议，朝议的结果就是下了一道天人共怒的诏书：削去王阳明世袭的爵位，不封谥（shì）号，并将王阳明的学说斥为伪学，禁止传播。诏书中不仅不认可王阳明讨伐平定广西叛乱之功，而且还给以严厉惩罚。王阳明如果在天有灵，对这样的惩罚定然不会动心，不仅因为他后半生已经习惯了这样的待遇，更因为心地一片光明，不被外物所染。针对处罚王阳明的诏书，黄绾立即上书替老师辩护，却也是无力挽回。

朝廷剥夺了王阳明的一切名誉后，地方官就落井下石，机关算尽地要加罪于王阳明全家，附近的地痞（pǐ）流氓也来欺负他们。黄绾为保护王阳明的儿子正亿，就把女儿嫁给正亿，以庇（bì）护他。

由于桂萼的弹劾，王阳明学说遭到严禁。他在京师的高徒们受到强烈的谴责，不敢在京师谈论王阳明学说。尽管如此，王阳明的门人中仍有一些有志之士，不顾利害得失，在各地建立书院、精舍，举办讲会，并在阳明祠或报功祠祭祀王阳明，传播王阳明学说。

嘉靖皇帝临终时，下了一道遗诏，对自己的弊政表示后悔，应该也是对自己治下的朝廷而感到耻辱吧，首辅徐阶草拟了这道遗诏。其时，徐阶为恢复王阳明的名誉做出了很大贡献。隆庆皇帝朱载垕（jì）即位后，天下太平，世风大变。有人上了《辨明功罚疏》，对王阳明的功绩赞叹不已，对他所受的冤屈也遗憾不已。隆庆皇帝采纳了这封奏疏，1567 年下诏追封王阳明为新建侯，谥号文成。万历皇帝朱翊（yì）钧下诏迎王阳明的牌位入孔庙，从祀孔子。这是王阳明应得的，也是儒者的最高荣耀。

心学的光芒，普照大地。

读故事　学知识

四夷

据《吕氏春秋通诠·审分览·知度》记载，四夷是古代对中原（指河南洛阳至开封一带为中心的黄河中下游地区）周边各族的统称，即东夷、南蛮、北狄和西戎。古籍中多有关于"四夷"的记载，比如《尚书·大禹谟》："无怠无荒，四夷来王。"《孟子·梁惠王》："莅中国而抚四夷也。"白居易《读李杜诗集，因题卷后》："暮年逋客恨，浮世谪仙悲。吟咏流千古，声名动四夷。"

奏疏

奏，在秦代是臣属上书谏说的公文的统称，汉代成为文种之一。疏，是我国古代文书的一种。奏疏，也称奏章、奏议等，是臣属向皇帝陈述意见、提出建议或对某件事进行说明，其内容可以是有关朝政日常、议礼论学、谢恩、弹劾等。奏疏的文种不断发展，汉代时有章、表、奏、议等；魏晋南北朝时在此基础上又增加了启文；隋、唐时期主要有表、状两种；宋代又增加了札子，简要叙述要陈情的事件，于上殿面奏之前呈递；元代时有奏、启、表章三种；明、清时期公文制度愈加完善，主要有奏本、题本、表、笺、启及奏折等。

谥号

谥号制度始于西周，秦始皇时废除，至西汉重新恢复。古代皇帝、诸侯大臣等社会地位较高的人物去世后，朝廷根据其生前事迹，给予一个概括性的评价及表彰其功绩的称号，这就是谥号。皇帝与大臣不同，除了"谥号"，还有"庙号""年号"，以光绪皇帝为例，他名为爱新觉罗·载湉，庙号"德宗"，谥号"景皇帝"，年号"光绪"。

王阳明诗选

泛海

险夷原不滞胸中，何异浮云过太空。

夜静海涛三万里，月明飞锡下天风。

谒伏波庙

楼船金鼓宿乌蛮，鱼丽群舟夜上滩。

月绕旌旗千嶂静，风传铃柝九溪寒。

荒夷未必先声服，神武由来不杀难。

想见虞廷新气象，两阶干羽五云端。

因雨和杜韵（赴龙场作）

晚堂疏雨暗柴门，忽入残荷泻石盆。

万里沧江生白发，几人灯火坐黄昏。

客途最觉秋先到，荒径谁怜菊尚存。

却忆故园耕钓处，短蓑长笛下江村。

咏良知（四首）

其一

个个人心有仲尼，自将闻见苦遮迷。

而今指与真头面，只是良知更莫疑。

其二

问君何事日憧憧？烦恼场中错用功。

莫道圣门无口诀，良知两字是参同。

其三

人人自有定盘针，万化根源总在心。

却笑从前颠倒见，枝枝叶叶外头寻。

其四

无声无臭独知时，此是乾坤万有基。

抛却自家无尽藏，沿门持钵效贫儿。

答人问道

饥来吃饭倦来眠，只此修行玄更玄。

说与世人浑不信，却从身外觅神仙。

寻春

十里湖光放小舟，慢寻春事及西畴。

江鸥意到忽飞去，野老情深只自留。

日暮草香含雨气，九峰晴色散溪流。

吾侪是处皆行乐，何必兰亭说旧游。

春日游齐山寺用杜牧之韵

倦鸟投枝已乱飞，林间暝色渐霏微。

春山日暮成孤坐，游子天涯正忆归。

古洞湿云含宿雨，碧溪明月弄清晖。

桃花不管人间事，只笑山人未拂衣。

中秋

去年中秋阴复晴，今年中秋阴复阴。

百年好景不多遇，况乃白发相侵寻。

吾心自有光明月，千古团圆永无缺。

山河大地拥清辉，赏心何必中秋节。

龙潭夜坐

何处花香入夜清？石林茅屋隔溪声。

幽人月出每孤往，栖鸟山空时一鸣。

草露不辞芒履湿，松风偏与葛衣轻。

临流欲写猗兰意，江北江南无限情。

书汪进之太极岩

始信心非明镜台，须知明镜亦尘埃。

人人有个圆圈在，莫向蒲团坐死灰。

兰亭次秦行人韵

十里红尘踏浅沙，兰亭何处是吾家？

茂林有竹啼残鸟，曲水无觞见落花。

野老逢人谈往事，山僧留客荐新茶。

临风无限斯文感，回首天章隔紫霞。

春行

冬尽西归满山雪，春初复来花满山。

白鸥乱浴清溪上，黄鸟双飞绿树间。

物色变迁随转眼，人生岂得长朱颜。

好将吾道从吾党，归把渔竿东海湾。

喜雨

吹角峰头晓散军，横空万骑下氤氲。

前旌已带洗兵雨，飞鸟犹惊卷阵云。

南亩渐忻农事动，东山休共凯歌闻。

正思锋镝堪挥泪，一战功成未足云。

溪水

溪石何落落，溪水何泠泠。

坐石弄溪水，欣然濯我缨。

溪水清见底，照我白发生。

年华若流水，一去无回停。

悠悠百年内，吾道终何成。

游靖兴寺

老树千年惟鹤住，深潭百尺有龙蟠。

僧居却在云深处，别作人间境界看。

秋夜

树暝栖翼喧，萤飞夜堂静。

遥穹出晴月，低檐入峰影。

窅然坐幽独，怵尔抱深警。

年徂道无闻，心违迹未屏。

萧瑟中林秋，云凝松桂冷。

山泉岂无适，离人怀故境。

安得驾云鸿，高飞越南景。

谪仙楼

揽衣登采石，明月满矶头。

天碍乌纱帽，寒生紫绮裘。

江流词客恨，风景谪仙楼。

安得骑黄鹤，随公八极游。

西园

方园不盈亩，蔬卉颇成列。

分溪免瓮灌，补篱防豕蹢。

芜草稍焚薙，清雨夜来歇。

濯濯新叶敷，荧荧夜花发。

放锄息重阴，旧书漫披阅。

倦枕竹下石，醒望松间月。

起来步闲谣，晚酌檐间设。

酣时藉草眠，忘与邻翁别。

舟夜

随处看山一叶舟，夜深霜月亦兼愁。

翠华此际游何地，昼角中宵起戍楼。

甲马尚屯淮海北，旌旗初放楚江头。

洪涛滚滚乘风势，容易开帆不易收。

送德观归省（二首）

其一

雪里闭门十日坐，开门一笑忽青天。

茅檐正好负暄日，客子胡为思故园？

椿树惯经霜雪老，梅花偏向岁寒妍。

琅琊春色如相忆，好放山阴月下船。

其二

琅琊雪是故园雪，故园春亦琅琊春。

天机动处春生意，世事到头还俗尘。

立雪浴沂传故事，吟风弄月是何人？

到家好谢二三子，莫向长沮错问津。

寄滁阳诸生（二首）

其一

一别滁山便两年，梦魂常是到山前。

依稀山路还如旧，只奈迷茫草树烟。

其二

归去滁山好寄声，滁山与我最多情。

而今山下诸溪水，还有当时几派情。

山中示诸生（五首）

其一

路绝春山久废寻，野人扶病强登临。

同游仙侣须乘兴，共探花源莫厌深。

鸣鸟游丝俱自得，闲云流水亦何心？

从前却恨牵文句，展转支离叹陆沉。

其二

滁流亦沂水，童冠得几人？

莫负咏归兴，溪山正暮春。

其三

桃源在何许，西峰最深处。

不用问渔人，沿溪踏花去。

其四

池上偶然到，红花间白花。

小亭闲可坐，不必问谁家。

其五

溪边坐流水，水流心共闲。

不知山月上，松影落衣斑。

示诸生（三首）

其一

尔身各各自天真，不用求人更问人。

但致良知成德业，漫从古纸费精神。

乾坤是易原非画，心性何形得有尘？

莫道先生学禅语，此言端的为君陈。

其二

人人有路透长安，坦坦平平一直看。

尽道圣贤须有秘，翻嫌易简却求难。

只从孝弟为尧舜，莫把辞章学柳韩。

不信自家原具足，请君随事反身观。

其三

长安有路极分明，何事幽人旷不行？

遂使蓁茅成间塞，尽教麋鹿自纵横。

徒闻绝境劳悬想，指与迷途却浪惊。

冒险甘投蛇虺窟，颠崖堕壑竟亡生。

啾啾吟

知者不惑仁不忧，君胡戚戚眉双愁？

信步行来皆坦道，凭天判下非人谋。

用之则行舍即休，此身浩荡浮虚舟。

丈夫落落掀天地，岂顾束缚如穷囚。

千金之珠弹鸟雀，掘土何烦用镯镂？

君不见东家老翁防虎患，虎夜入室衔其头？

西家儿童不识虎，报竿驱虎如驱牛。

痴人惩噎遂废食，愚者畏溺先自投。

人生达命自洒落，忧谗避毁徒啾啾。

移居胜果寺

江上但知山色好，峰回始见寺门开。

半空虚阁有云住，六月深松无暑来。

病肺正思移枕簟，洗心兼得远尘埃。

富春只尺烟涛外，时倚层霞望钓台。

沅水驿

辰阳南望接沅州，碧树林中古驿楼。

远客日怜风土异，空山惟见瘴云浮。

耶溪有信从谁问，楚水无情只自流。

却幸此身如野鹤，人间随地可淹留。

兴隆卫书壁

山城高下见楼台，野戍参差暮角催。

贵竹路从峰顶入，夜郎人自日边来。

莺花夹道惊春老，雉堞连云向晚开。

尺素屡题还屡掷，衡阳那有雁飞回。

水滨洞

送远憩岨谷，濯缨俯清流。

沿溪涉危石，曲洞藏深幽。

花静馥常闅，溜暗光亦浮。

平生泉石好，所遇成淹留。

好鸟忽双下，鲦鱼亦群游。

坐久尘虑息，澹然与道谋。

罗旧驿

客行日日万峰头，山水南来亦胜游。

布谷鸟啼村雨暗，刺桐花暝石溪幽。

蛮烟喜过青杨瘴，乡思愁经芳杜洲。

身在夜郎家万里，五云天北是神州。

书庭蕉

檐前蕉叶绿成林，长夏全无暑气侵。

但得雨声连夜静，何妨月色半床阴。

新诗旧叶题将满，老芨疏桐恨转深。

莫笑郑人谈讼鹿，至今醒梦两难寻。

附录二

王阳明生平大事年表

明宪宗成化八年（1472年），农历九月三十日，公历10月31日

出生于浙江省余姚县（今余姚市）。因祖母梦到神仙驾祥云送子，祖父为其取名"云"。

明宪宗成化十年（1474年）三岁

迟迟没有咿呀学语，父亲王华很着急，祖父王伦则认为"贵人语迟"，不必在意。

明宪宗成化十二年（1476年）五岁

仍然没有开口说话。有神僧路过，说："好个孩儿，可惜道破。"祖父王伦恍然大悟，遂为其更名为"守仁"。

明宪宗成化十四年（1478年）七岁

因沉迷于象棋，严厉的父亲将棋子扔进河里，遂作一首《象棋诗》："象棋在手乐悠悠，苦被严亲一旦丢。兵卒堕河皆不救，将军溺水一齐休。马行千里随波去，士入三川逐浪流。炮响一声天地震，象若心头为人揪。"

明宪宗成化十七年（1481年）十岁

父亲王华举进士第一甲第一人（即状元及第），入京师，授翰林院修撰。后升至礼部左侍郎。

明宪宗成化十八年（1482年）十一岁

与祖父王伦一起进京。路经金山寺时，赋诗二首，即《过金山寺》和《蔽月山房》，才华初显。

明宪宗成化十九年（1483年）十二岁

在京师，入私塾，对老师说："读书做圣贤是人生第一等事。"

明宪宗成化二十年（1484年）十三岁

母亲郑氏去世，守孝三年。

明宪宗成化二十二年（1486年）十五岁

出游居庸三关，了解塞外风情，慨然有经略四方之志。一个多月后返还，梦中拜谒伏波将军马援庙。

明宪宗成化二十三年（1487年）十六岁

从边关考察归来，有感于时事，欲上书皇帝，被父亲王华训斥并制止。

明孝宗弘治元年（1488年）十七岁

前往江西洪都（南昌）迎娶布政使参议诸养和之女。新婚当日，偶入铁柱宫，与道士坐谈养生道法，竟忘归。婚后，潜心练习书法，有大成。

少年读王阳明

明孝宗弘治二年（1489 年）十八岁

携夫人诸氏归余姚，途经广信（今江西上饶），拜谒理学大儒娄谅（号一斋），坚定心向圣贤之学。

明孝宗弘治三年（1490 年）十九岁

受娄谅"格物致知"之学影响，格竹七日，无所悟。祖父王伦在京师去世，父亲王华扶柩归余姚，丁忧三年。在余姚，与从弟王冕等人同习经义，学业大有长进。

明孝宗弘治五年（1492 年）二十一岁

参加浙江乡试，与孙燧和胡世宁同榜中举。后来在平定宁王朱宸濠之乱时，三人都起了重要作用。父亲王华丁忧期满。因要参加来年会试，随父亲同返京城。

明孝宗弘治六年（1493 年）二十二岁

京师春闱，会试不第。

明孝宗弘治九年（1496 年）二十五岁

会试再不第。《年谱》中称其被妒忌的人做了手脚。返回余姚后，于龙泉山寺结诗社，对弈联诗。

明孝宗弘治十年（1497 年）二十六岁

在京师，研习兵法。

明孝宗弘治十一年（1498 年）二十七岁

苦读朱熹理学。后得疾，又习养生之学。

明孝宗弘治十二年（1499 年）二十八岁

第三次参加会试，举南宫第二人，殿试赐二甲进士出身第七人，观政工部。是年秋，督造威宁伯王越陵墓。上书《陈言边务疏》。

明孝宗弘治十三年（1500 年）二十九岁

返京复命，授刑部云南清吏司主事。

明孝宗弘治十四年（1501 年）三十岁

奉命前往直隶、淮安，审理要案重犯，平反多件冤案。游九华山，作《九华山赋》，与道士论仙。

明孝宗弘治十五年（1502 年）三十一岁

返京复命，不久因病归乡，于四明山阳明洞天旁侧筑室而居，自号"阳明子"，人称"阳明先生"。在此静坐行导引之术，月余，可预知未来；后认为此术乃颠簸精神，非正道，弃之。

明孝宗弘治十六年（1503 年）三十二岁

至杭州西湖养病，劝一位闭关三年的和尚回乡孝母。

明孝宗弘治十七年（1504 年）三十三岁

主持山东乡试，撰写《山东乡试录》。九月，改任兵部武选清吏司主事。

明孝宗弘治十八年（1505年）三十四岁

在京师，开门授徒。与翰林庶吉士湛若水（号甘泉）结识，共同倡导圣学。

明武宗正德元年（1506年）三十五岁

因宦官刘瑾擅权，戴铣、薄彦徽等上书直谏，被下诏狱。王阳明上书《乞宥言官去权奸以彰圣德疏》，为谏官说情，被捕入狱，受廷杖四十，贬谪为贵州龙场驿丞。

明武宗正德二年（1507年）三十六岁

赴谪途中，被刺客追杀。至钱塘，假意投水，脱险。往南京探望时任吏部尚书的父亲王华。十二月，正式收徐爱为徒。随后赶往贵州龙场。

明武宗正德三年（1508年）三十七岁

三月，至贵州修文县龙场，打造石棺，常躺于其间。某夜，大悟"圣人之道，吾性自足，向之求理于事物者误也"，史称"龙场悟道"。

明武宗正德四年（1509年）三十八岁

受提学副使毛科、席书等人之邀，赴贵阳文明书院讲学，始论"知行合一"。

明武宗正德五年（1510 年）三十九岁

刘瑾伏诛。先生升任庐陵知县。十一月返京，住兴隆寺候旨，与黄绾、应良论实践之功。十二月，升任南京刑部四川清吏司主事。

明武宗正德六年（1511 年）四十岁

调任吏部验封清吏司主事。二月为会试同考官。十月升任文选清吏司员外郎。

明武宗正德七年（1512 年）四十一岁

三月升任考功清吏司郎中，穆孔晖、黄绾、徐爱等几十人同受业。十二月升任南京太仆寺少卿，徐爱升任南京工部员外郎，同舟回越城，论《大学》宗旨。

明武宗正德八年（1513 年）四十二岁

十月至滁州，督马政。职务清闲，常游山水之间，追随者多至数百人。

明武宗正德九年（1514 年）四十三岁

四月，升任南京鸿胪寺卿。门人知名者众，如薛侃、马明衡、陆澄、季本、刘观时、周积等人。

明武宗正德十年（1515 年）四十四岁

在京师，写《谏迎佛疏》，以儒家思想的博大精深来论证佛家思想的不足之处。

明武宗正德十一年（1516年）四十五岁

九月，由兵部尚书王琼举荐，升任都察院左佥都御史，巡抚南、赣、汀、漳等处。十月，回乡探亲。

明武宗正德十二年（1517年）四十六岁

正月至赣，选民兵，平漳寇。五月奏设福建平和县。六月奏请疏通盐法。九月改授提督南、赣、汀、漳等处军务，赐旗牌，便宜行事。十月，平横水、桶冈等地贼寇。十二月，奏设江西崇义县。

明武宗正德十三年（1518年）四十七岁

在赣，征三浰，立社学，教化百姓，奏设广东和平县。平定四省流民暴乱，升任都察院右副都御史。刻《古本大学》《朱子晚年定论》，门人薛侃刻《传习录》。修濂溪书院，学者云集。

明武宗正德十四年（1519年）四十八岁

奉命前往福建处置地方事务，路经南昌，听闻宁王朱宸濠叛乱，遂回师亲征，擒获宁王，平定叛乱。正德皇帝南下，宦官抢功，与之周旋。

明武宗正德十五年（1520年）四十九岁

上书《咨六部伸理冀元亨》，为弟子冀元亨辩护。王艮投门下，后创立泰州学派。正德皇帝北归，不久病死。

明武宗正德十六年（1521年）五十岁

五月集门人于白鹿洞，首次大力宣扬"致良知"说。六月升任南京兵部尚书。十二月回乡为父亲王华祝寿，封新建伯，特进光禄大夫柱国，兼两京兵部尚书。

明世宗嘉靖元年（1522年）五十一岁

父亲王华病逝，丁忧。

明世宗嘉靖二年（1523年）五十二岁

丁忧期间，致力讲学，来从者日众。

明世宗嘉靖三年（1524年）五十三岁

致力于"致良知"说的传播。中秋于天泉桥宴请门人，作诗讲学。门人南元善续刻《传习录》。

明世宗嘉靖四年（1525年）五十四岁

应门人南元善之邀，撰写《尊经阁记》。九月，集门人于龙泉山中天阁，每月授课四次。十月，在越城建阳明书院。

明世宗嘉靖五年（1526年）五十五岁

在绍兴讲授阳明心学。门人刘晓、刘邦采等创立"惜阴会"，规定间月为会五日，宣扬王学，作《惜阴说》给予高度评价。

明世宗嘉靖六年（1527 年）五十六岁

九月，兼都察院左都御史，征广西思恩、田州。临行前，就"四句教"指导门人钱德洪、王畿，谓"天泉证道"。十一月，至广西梧州，开府议事。

明世宗嘉靖七年（1528 年）五十七岁

二月，平定思恩、田州之乱，办学安民。九月，病重，上书请归。未等朝廷回复即乘舟返乡。其间，拜谒伏波将军马援庙和六世祖王纲祠堂。

明世宗嘉靖八年（1529 年）

行归，嘉靖七年十一月二十九日辰时（公元 1529 年 1 月 9 日早晨）病逝于江西南安府大庾县青龙埔（今江西省大余县青龙镇）舟中。

作者作品 · 家书选录 · 阅读指导 · 知识扩展

少年读王阳明！

阅读指导与知识扩展手册

读故事
学知识
开眼界

学习王阳明就看这一本！

作品介绍

《少年读王阳明》从王阳明的先祖开始讲起，直到他于青龙埔去世，写尽了他跌宕起伏、波澜壮阔的一生。作者遍阅王阳明相关的史实资料，用细腻的笔触、真挚的情感，串连起了他充满磨难与传奇的人生经历：立志高远、科考不顺、初入仕途、贬谪龙场、顿悟圣道、巡抚闽赣、平匪诛藩……在紧凑的故事中，读者可以层层深入地了解阳明心学的精髓——心即理、知行合一、致良知。王阳明是这样悟的，也是这样做的，不管是官运亨通还是遭逢困厄，他都能做到宠辱不惊、泰然处之。在本书中，我们可以沿着王阳明的足迹，跟随他一起感悟心学的发展进程，汲取其中的思想与智慧，做更好的自己。正如北京大学杨立新教授所说："真正的伟大，是像王阳明那样的第一等人物，我们每个人，都有机会成为这样的人物。"

作者介绍

孙永娟，哈尔滨师范大学古代文学博士，研究方向为先秦两汉文学。曾发表《毛诗郑笺研究》等论文数十篇。现为中华书局《文史知识》杂志社副编审，曾兼《女性天地》荐书栏目专栏作者。

王阳明是谁？

　　王守仁（1472—1529年），本名王云，五岁时改名为"守仁"，字伯安，号阳明，世称阳明先生。浙江余姚（今属宁波）人，明代伟大的思想家、哲学家、军事家，亦是著名文学家、书法家、教育家。明孝宗弘治十二年（1499年）进士，次年授刑部云南清吏司主事，从此进入仕途。不久，王阳明因上疏论西北边疆防备等八事，授刑部主事，后又授兵部主事。

　　明武宗正德元年（1506年）冬，触怒宦官刘瑾，被贬谪至贵州龙场做驿丞。在此期间，王阳明大悟"圣人之道，吾性自足，向之求理于事物者误也"，史称"龙场悟道"。正德五年（1510年），刘瑾被诛，王阳明遂奉召入京，担任吏部验封清吏司主事。正德十一年（1516年），在兵部尚书王琼的推荐下，王阳明擢升为都察院左佥都御史，巡抚南（安）、赣（州）、汀（州）、漳（州）等地，荡平了为患数十年的盗贼。正德十四年（1519年），宁王朱宸濠发动叛乱。正在江西的王阳明立即出兵平叛。历时月余，宁王之乱被平定。明世宗嘉靖元年（1522年），王阳明辞官，回乡讲学。嘉靖六年（1527年），思恩、田州的卢苏、王受造反，王阳明应召西征。翌年，叛军消灭殆尽，王阳明肺病加重，上疏乞求告老还乡，嘉靖七年（1528年）卒于归途中。

王阳明精通儒道佛三家，集心学之大成，被公认为立德、立言、立功的圣人，与孔子、孟子、朱熹并称为"孔、孟、朱、王"。他的阳明学说影响直至五百年后，并传至日本、朝鲜半岛以及东南亚等地，弟子与追随者极众。传世作品有《王阳明全集》，代表作有《尊经阁记》《瘗旅文》《象祠记》《大学问》《传习录》，其中《尊经阁记》《瘗旅文》《象祠记》入选《古文观止》。

王阳明家训

幼儿曹，听教诲。勤读书，要孝悌。

学谦恭，循礼仪。节饮食，戒游戏。

毋说谎，毋贪利。毋任情，毋斗气。

毋责人，但自治。能下人，是有志。

能容人，是大器。凡做人，在心地。

心地好，是良士。心地恶，是凶类。

譬树果，心是蒂。蒂若坏，果必坠。

吾教汝，全在是。汝谛听，勿轻弃。

四十五岁，王阳明写给自己的箴言

呜呼小子[1]，曾不知警。尧讵未圣[2]？犹日兢兢。既坠于渊，犹恬履薄[3]；既折尔股[4]，犹迈奔蹶[5]。人之冥顽，则畴与汝[6]。不见肿壅，砭乃斯愈[7]。不见痿痹，剂乃斯起。人之毁诟[8]，皆汝砭剂。汝曾不知，反以为怒。匪怒伊色，亦反其语。汝之冥顽，则畴之比。

呜呼小子，告尔不一。既四十有五，而曾是不忆！顽！

呜呼小子，慎尔出话。懆言维多，吉言维寡。多言何益？徒以取祸。德默而成，仁者言讱。孰默而讥？孰讱而病？誉人之善，过情犹耻。言人之非，罪曷有己。于戏多言，亦惟汝心。汝心而存，将日钦钦[9]。岂遑多言[10]，上帝汝临。

呜呼小子，辞章之习，尔工何为？不以钓誉，不以蛊愚。佻彼优伶[11]，尔视孔丑；覆蹈其术，尔颜不厚？日月逾迈，尔胡不恤？弃尔天命，昵尔仇贼。昔皇多士，亦胥兹溺[12]。尔犹不鉴，自抵伊巫[13]！

【注释】

[1] 小子：这里是王阳明的自称。

[2] 讵（jù）：难道，岂。

[3] 恬：安然，不在意。

[4] 股：大腿。

[5] 迈：向前走。蹶（jué）：跌倒。

[6] 畴（chóu）：谁。

[7] 砭（biān）：古代一种用针刺治病的方式。

[8] 毁：诋毁，诽谤。诟（gòu）：讥骂，指摘。

[9] 钦钦：忧思难忘貌。

[10] 遑（huáng）：空闲。

[11] 优伶：古代以乐舞、戏谑为业的艺人。

[12] 胥（xū）：都，皆。

[13] 亟（jí）：危急。

【译文】

悲哀啊，阳明小子，竟然还不知道警醒。难道尧不是圣人吗？他每天依然小心审慎。你已经掉落深渊，还那么满不在乎地走在薄冰上。你已经摔折了大腿，还在踉跄着往前奔跑。你的愚昧无知，无人可比。你不明白臃肿病只能靠针灸治疗才能痊愈吗？你不明白麻痹症只能靠吃良药才能痊愈吗？别人诋毁、谩骂，都是为你治病的针和药。你竟然不明白这个道理，反而因此生气、发怒。不仅生气、发怒，还与之争辩、出言讥讽。你的愚昧无知，无人可比。

悲哀啊，阳明小子，告诫你不止一次了。你已经四十五岁了，竟然还不长记性！真是愚昧！

悲哀啊，阳明小子，以后言语要谨慎。过去浮躁恼人的话说得太多，良言善语说得太少。话说多了没有好处，只会招来祸端。高尚品德是默默培养而成的，品德高尚的人说话少而慎。谁会因为沉默寡言而被人讥讽？谁会因为说话谨慎而被人诟病？对于别人的长处，赞誉太过，就等于是耻辱。对于别人的错处，指责太过，就等于是罪过。哎呀，话说得太多，是因为你的心神不定。如果心神定了，每日就会谨慎忧虑。怎么还有工夫说个不停？老天在看着你呢。

悲哀啊，阳明小子，你写文作诗那么好，是为了什么？既不是为了沽名钓誉，也不是为了蛊惑世俗人心。你看到有些轻佻的戏子，认为他们庸俗丑陋，可你为什么也跟他们一样，脸皮是不是太厚了？时间一天天地过去，你为什么不知道珍惜？竟然抛弃了你的天命，去亲近自己的仇人和敌人。昔日有很多读书人，也都陷入这样的泥淖。你还不吸取教训，走到了这般境地。

王阳明家书选录

寄闻人邦英、邦正

【原文】

书来，意思甚恳切，足慰远怀。持此不懈，即吾立志之说矣。"源泉混混，不舍昼夜，盈科而后进。放乎四海，有本者如是。"立志者，其本也。有有志而无成者矣，未有无志而能有成者也。贤弟勉之！"色养"之暇，怡怡切切，可想而知。交修罔怠，庶吾望之不孤矣。地方稍平，退休有日，预想山间讲习之乐，不觉先已欣然。

【译文】

书信收到了，其中意思非常恳切，给远方的我带来很大的安慰。持守心志，决不松懈，就是我说的立志。"源泉里的水翻涌流出，夜以继日，遇到一个坑洼，填满后才继续向前。最后汇入大海，有本源的事物都是这样。"立志，就是根本。有人立下志向却没有成功，没有人不立志却能成功的。邦英、邦正两位贤弟要努力啊！侍奉父母的闲暇时间，你们兄弟之间互敬互爱、和和气气，这是可想而知的。在学习上相互交流、自我修习也不要放松，这样我的心愿就不孤单了。我所在地方上稍稍安定，很快就有望退休了，提前想象一下在山林间讲学研习的快乐，不知不觉心里已然十分愉悦了。

与徐曰仁

【原文】

　　君子穷达，一听于天，但既业举子，便须入场，亦人事宜尔。若期在必得，以自窘辱，则大惑矣。入场之日，切勿以得失横在胸中，令人气馁志分，非徒无益，而又害之。

　　场中作文，先须大开心目，见得题意大概了了，即放胆下笔；纵昧出处，词气亦条畅。

　　今人入场，有志气局促不舒展者，是得失之念为之病也。夫心无二用，一念在得，一念在失，一念在文字，是三用矣，所事宁有成耶？只此便是执事不敬，便是人事有未尽处，虽或幸成，君子有所不贵也。

　　将进场十日前，便须练习调养。盖寻常不曾起早得惯，忽然当之，其日必精神恍惚，作文岂有佳思？须每日鸡初鸣即起，盥栉整衣端坐，抖擞精神，勿使昏惰。日日习之，临期不自觉辛苦矣。

　　今之调养者，多是厚食浓味，剧酣谑浪，或竟日偃卧。如此，是挠气昏神，长傲而召疾也，岂摄养精神之谓哉！务须绝饮食，薄滋味，则气自清；寡思虑，屏嗜欲，则精自明；定心气，少眠睡，则神自澄。君子未有不如此而能致力于学问者，兹特以科场一事而言之耳。每日或倦甚思休，少偃即起，勿使昏睡；既晚即睡，勿使久坐。

　　进场前两日，即不得翻阅书史，杂乱心目；每日止可看文字一篇以自娱。若心劳气耗，莫如勿看，务在怡神适趣。忽充然滚滚，若有所得，勿便气轻意满，益加含蓄酝酿，若江河之浸，泓衍泛滥，骤然决之，一泻千里矣。

每日闲坐时，众方嚣然，我独渊默；中心融融，自有真乐，盖出乎尘垢之外而与造物者游。非吾子概尝闻之，宜未足以与此也。

【译文】

有德行的人，对于穷困和显达，应该听凭上天和命运的安排，但是，既然已经决定走科举这条道路，就理应走进考场，这符合世间事宜。可是，假如期望只要参加考试就一定高中，那就是自我束缚、自取其辱，那就是被功名迷惑了。进了考场，切记心里不要太在乎得与失，太在乎得与失就会耗费志气、分散精神，不仅对科举考试没有好处，而且还会带来坏处。

在考场里写文章，首先要打开内心、睁大眼睛，看清楚题目的大概意旨，就可以大胆地书写了。这样的话，纵然不是特别了解题目的出处，写出来的文章也会条理清晰、语言顺畅。

现今有的人一走进考场，心志气力就被拘束、不自在，是对得与失的执念太深所害的。一心不能二用，如果一会儿想着科举高中了如何荣耀，一会儿想着考试失利多么丢脸，一会儿又费心怎样写好文章，这么一心三用，事情能做好吗？像这样，从做事方面来讲不够敬业，从做人方面来讲不够诚心，虽然有可能侥幸成功，但也不会受到有德行之人的尊重。

考试前十天，便要注意调养身心与饮食。因为平时不习惯早起，如果考试那天忽然起个大早，那一整日必然精神恍惚难以专心，写文章的时候怎么可能思如泉涌呢？所以，要提前十天安排好作息，每天鸡鸣时分就要起来，洗漱穿戴好后端正静坐，使精神逐渐振奋，不要浑浑噩噩、懒惰懈怠。每天如此，慢慢习惯，到考试那天早起就不觉得辛苦了。

如今的人调养身心，多数都用滋味浓厚的饮食，没有节制地大吃大喝、自我放纵，或者是整日懒懒地躺卧着。这种调养方式，只能让精神和心气混乱，令心中滋长傲气而招致疾病。这算什么调养呢？如果要调养，饮食上务必有所节制，味道应清淡，这样就会神清气爽；减少思索忧虑，摒弃嗜好与欲望，这样就会精神明朗；稳定神思与心气，减少睡眠，这样就会神气澄明。这只是以进考场举例，有德行的人没有不这样做学问的。每天可能会有疲倦想歇息的时候，那就稍微躺一会儿就立刻起来，不要睡得太久太沉；天色晚了，就早些休息，没事不要久坐。

考试前两天，就不要再翻阅书本了，这时候再看书，会扰乱心神，令人浮躁；每天看一篇文章，让自己放松心情就好。如果因为看书耗费精神，劳累身心，那还不如不看，看书还是不看书，就在于能不能让自己心情愉悦、引发兴趣。如果看书的时候忽然觉得思想如河水翻滚，有所收获，切勿因为自我满足而变得轻狂浮躁起来，而是应该更加稳重含蓄，像好酒一样慢慢酝酿味道，像河水一样渐渐浸润堤岸，一旦进了考场，就好比河水忽然决堤、泛滥，一泻千里。

每天闲暇时静坐，不管身边多么喧嚣杂乱，自己也如深潭里的水一般安静；因为心中安静，而体会到真正的快乐，这是超乎红尘之外与造物者融为一体后的快乐。如果不是贤弟曾经听闻过这种真正的快乐，也不便与你说这些了。

名人评价

王阳明矫正旧风气，开出新风气，功不在禹下。

——晚清重臣 曾国藩

阳明先生，其事功，其志业，卓然一代伟人，断非寻常儒者所能几及。

——晚清政治家 左宗棠

明之中叶王阳明出，中兴陆学，而思想界之气象又一新焉。

——近代教育家 蔡元培

王学绝非独善其身之学。而救时良药，未有切于是者。

——近代思想家 梁启超

近五百年来，儒家的源头活水就在王阳明。21世纪将是王阳明的世纪。

——当代著名学者 杜维明

你对王阳明了解多少？

1. 王阳明，本名＿＿＿＿＿＿，后改名为＿＿＿＿＿＿，字＿＿＿＿＿＿，号＿＿＿＿＿＿，又号＿＿＿＿＿＿，浙江＿＿＿＿＿＿（地名）人。

2. 王阳明是＿＿＿＿＿＿（朝代）杰出的＿＿＿＿＿＿＿＿＿＿、＿＿＿＿＿＿＿＿＿、＿＿＿＿＿＿＿＿＿、＿＿＿＿＿＿＿＿＿。

3. 王阳明出生于＿＿＿＿年，历经＿＿＿＿、＿＿＿＿、＿＿＿＿三朝。

4. 明朝因军功封爵的文臣有三位，靖远伯王骥、威宁伯王越，王阳明被封为＿＿＿＿＿＿＿＿＿＿。

5. 王阳明提出＿＿＿＿＿＿＿＿＿＿的哲学命题和＿＿＿＿＿＿＿＿＿＿的方法论，他的思想主张被称为"阳明学派"，又称＿＿＿＿＿＿＿＿＿＿。

6. 王阳明的父亲名为＿＿＿＿＿＿＿＿，因在龙泉山上读书，又被称为＿＿＿＿＿＿＿＿；祖父名为＿＿＿＿＿＿＿＿，因喜好种竹，又被称为＿＿＿＿＿＿＿＿。

7. 明宪宗成化十七年（1481年），王阳明的父亲＿＿＿＿＿＿岁，状元及第。

8. 王阳明＿＿＿＿＿＿岁改名为守仁，＿＿＿＿＿＿岁随父亲和祖父进京。

9. 王阳明认为"天下第一等事"是＿＿＿＿＿＿＿＿＿＿。

10. 王阳明第一次随祖父一道进京，路过金山寺时作过两首诗，诗的名字分别是＿＿＿＿＿＿＿＿＿＿＿＿＿＿＿＿。

11. 皮格马利翁效应也常被称为"＿＿＿＿＿＿＿＿＿＿"。

12. 王阳明十五岁时，出游居庸三关，慨然有经略四方之志。长城内三关分别指＿＿＿＿＿＿、＿＿＿＿＿＿、＿＿＿＿＿＿。

13. 王阳明从少年时代开始，心中始终有一个偶像，他就是西汉伏波将军＿＿＿＿＿＿。

14. 导引术是中国古代的一种健身方式，通过调心、调身、调息，内外兼修，养生健身。婚礼当天，王阳明来到南昌著名的道观＿＿＿＿＿＿，与一位道士学习导引之术。

15. "王羲之以书掩其人，王守仁则以人掩其书"，这是明代著名书画家、文学家＿＿＿＿＿＿对王阳明书法成就的评价。

16. 明代著名理学家娄谅的思想主张是"＿＿＿＿＿＿"，通俗地说，意思是＿＿＿＿＿＿。

17. 儒家经典《大学》中提到，学习圣贤之路的步骤是：＿＿＿＿＿＿、＿＿＿＿＿＿、＿＿＿＿＿＿、＿＿＿＿＿＿、＿＿＿＿＿＿、＿＿＿＿＿＿、＿＿＿＿＿＿。

18. 王阳明早年曾研习朱熹理学，但经过格竹之后，提出了质疑。朱熹说："众物必有表里精粗，一草一木，皆涵至理。"这句话的意思是＿＿＿＿＿＿。

19. 1493 年，王阳明第一次参加会试落榜后，主考官宰相李东阳让王阳明撰写一篇文章，王阳明挥笔而就，惊艳了在场老前辈，这篇文章名为＿＿＿＿＿＿。

20. 第二次参加会试落榜后，朋友们怕王阳明太伤心，纷纷来安慰他。王阳明说："人们都以落第为耻，我则以落第动心为耻。"这句话的意思是＿＿＿＿＿＿。此即是心学的萌芽。

21. 王阳明悉心研究《孙子》《吴子》《司马法》《李卫公问对》《尉缭子》《三略》《六韬》七部兵书，并将心得汇集成书，名为_____。

22. 明代，士子进士及第后并不立即授官，而是被派遣至六部九卿等部门实习政事，这种制度被称为_____。

23. 举进士后，王阳明被派遣到负责土木建设的工部实习，不久，奉命前往河南浚县，主持建造_____的陵墓。王阳明采用_____之法，也就是每五人或十人为一组，编成队列，安排分工，用训练部队的方式去建筑陵墓。

24. 1500年，王阳明第一次上书阐述对边防事务的想法与策略，实现了自己十五岁以来就有的上书述志的愿望，这篇奏疏名为_____。

25. 明朝中央行政机构总称为六部，这六部分别是_____、_____、_____、_____、_____、_____。每部设尚书_____人，左、右侍郎各_____人。每部之下都设有清吏司，在清吏司中有郎中、员外郎、主事的职位，分管该部的具体事务。

26. 山东巡按监察御史_____推荐王阳明出任山东乡试的主考官，为国家选拔人才。王阳明将在此期间的所见所感汇集成_____，真实反映了山东学场的凋敝现状。

27. "不遑启居，猃狁之故。"出自《诗经》中的_____。

28. "初溺于任侠之习，再溺于骑射之习，三溺于辞章之习，四溺于神仙之习，五溺于佛氏之习。正德丙寅，始归正于圣贤之学。"这是明代著名思想家_____对王阳明的评价，即著名的"五溺说"。他在结识王阳明之前，就提出了"_____"的学说，还创立了_____学派。

29. 1506年，王阳明因得罪宦官刘瑾，被贬谪为_____驿丞。

30. 王阳明有三篇文章入选《古文观止》，分别是：

＿＿＿＿＿＿＿＿＿＿＿、＿＿＿＿＿＿＿＿＿＿、＿＿＿＿＿＿＿＿＿＿。

31. 在龙场时，王阳明认识到"圣人之道，吾性自足，向之求理于事物者误也"，这就是著名的"＿＿＿＿＿＿＿＿＿＿"。

32. 王阳明心学的三大核心思想是：＿＿＿＿＿＿＿＿＿＿、

＿＿＿＿＿＿＿＿＿＿、＿＿＿＿＿＿＿＿＿＿。

33. 1509 年，王阳明离开龙场，后来在贵州多名官员的举荐下，被任命为江西吉安府＿＿＿＿＿＿＿＿。

34. 欧阳修任滁州知府时，写下了著名散文《＿＿＿＿＿＿》。

35. 1516 年 9 月，王阳明因为兵部尚书＿＿＿＿＿＿的举荐，被提拔为督察院左佥都御史，巡抚南、赣、汀、漳等地，并完成了他的"第一征"。

36. 《＿＿＿＿＿＿＿＿》是门人弟子记载王阳明先生语录书信之书，收于《王文成公全书》。其书名出自《论语·学而》，曾子曰："吾日三省吾身：为人谋而不忠乎？与朋友交而不信乎？传不习乎？"

37. 1527 年，王阳明南征前夜，在天泉桥上为门人钱德洪和王畿讲学，就"无善无恶是心之体，有善有恶是意之动，知善知恶是良知，为善去恶是格物"进行指导，这就是中国哲学史上著名的"＿＿＿＿＿＿＿"，又称为"＿＿＿＿＿＿＿"。

38. 嘉靖七年十一月二十九日辰时（公元 1529 年 1 月 9 日早晨），王阳明病逝于江西南安府大庾县＿＿＿＿＿＿舟中。其临终遗言为："＿＿＿＿＿＿＿＿＿＿＿＿＿＿＿＿＿"。

你跟王阳明学会了什么？

1. 王阳明本名是什么？取这个名字的原因是什么？后来又为什么改名？

2. "金山一点大如拳，打破维扬水底天。醉倚妙高台上月，玉箫吹彻洞龙眠。"用简洁的语言概括一下王阳明这首诗的意思。

3. "山近月远觉月小，便道此山大于月。若人有眼大如天，当见山高月更阔。"王阳明的这首诗蕴含了什么哲理？

4. 中国传统的知识分子最高的追求是"三不朽"，"三不朽"是什么意思？中国历史上做到"三不朽"的只有两个半人，分别是谁？

5. 为什么说王阳明做到了"三不朽"？

6.“持志如心痛。一心在痛，人安有工夫说闲话、管闲事？”王阳明这句话想要表达什么？

7. 少年时代的王阳明为什么出游居庸三关？

8. 唐代杜甫的《七月一日题终明府水楼二首》中有句诗："终军弃繻英妙时。"其中用了什么典故？这个典故讲了谁的故事？在《少年读王阳明》中找到相关的段落，认真读一读。

9. 明朝科举考试制度，会试为每三年举行一次，王阳明连续两次落榜，第三次才榜上有名，殿试赐进士出身，二甲第七（全国第十名）。对于连续两次落榜，王阳明是怎样看待的？他又是怎样做的？

10.《传习录》记载了王阳明练习书法的心得："吾始学书，对模古帖，止得字形。后举笔不轻落纸，凝思静虑，拟形于心，久之始通其法。既后读明道先生书曰：'吾作字甚敬，非是要字好，只此是学。'既非要字好，又何学也？乃知古人随时随事，只在心上学，此心精明，字好亦在其中矣。"在《少年读王阳明》中找到相关章节，并说一说你对上面这段话的理解。

11. 1490 年，王阳明十八岁，他带妻子返回家乡余姚，途中经过上饶，拜访了影响他一生的重要人物——明代著名理学家娄谅。这次相见，王阳明从娄谅处学到了什么？对王阳明有什么影响？

12. 明朝行政官职体系分为六部、九卿、五监。根据自己的阅读积累，说一说六部、九卿、五监具体指什么？

13. 明代的南北直隶具体指什么？

14. 在主持山东乡试时，王阳明出的策论题目是针对"佛老为天下害，已非一日"的观点进行论述，对此，王阳明是如何认为的？

15. 主持山东乡试之后，1505 年，王阳明作《赠阳伯》诗："阳伯即伯阳，伯阳竟安在？大道即人心，万古未尝改。长生在求仁，金丹非外待。缪矣三十年，于今吾始悔。"概括一下这首诗的意思，表达了作者怎样的心理？

16. 王阳明为什么被贬谪至贵州龙场?

17. 中国文化史上著名的"龙场悟道",王阳明究竟悟到了什么"道"?

18. 王阳明凭军功被封为世袭的新建伯,他主要立下了哪些军功?

19. 王阳明心学有三次著名的证道,分别是哪三次证道?

20. 请你为《少年读王阳明》写一段推荐语,把它介绍给身边的人。

参考答案

你对王阳明了解多少?

1. 王云　守仁　伯安　阳明　乐山居士　余姚

2. 明朝　思想家、文学家、军事家、教育家

3. 1472　孝宗、武宗、世宗

4. 新建伯

5. 致良知　知行合一　"姚江学派"

6. 王华　龙山先生　王伦　竹轩先生

7. 三十六

8. 五　十一

9. 成为一代圣贤

10. 《咏金山》《蔽月山房》

11. 自我实现预言

12. 居庸关、紫荆关、倒马关

13. 马援

14. 铁柱宫

15. 徐渭

16. 主敬穷理　做任何事都要谨慎、严肃、敬重,学习要深究事物的道理。

17. 格物、致知、诚意、正心、修身、齐家、治国、平天下

18. 天下万物,每一根草、每一棵树都蕴藏着天理。

19. 状元赋

20. 大家都以考不中为羞耻，我则以因为没有考中内心难受为羞耻。

21.《武经七书评》

22. 观政

23. 威宁伯王越　什伍之法

24.《陈言边务疏》

25. 吏部　户部　礼部　兵部　刑部　工部　一　一

26. 陆偁　《山东乡试录》

27.《小雅·采薇》

28. 湛若水（号甘泉）　随处体认天理　甘泉

29. 贵州龙场

30.《尊经阁记》《象祠记》《瘗旅文》

31. 龙场悟道

32. 知行合一　心即理　致良知

33. 庐陵知县

34. 醉翁亭记

35. 王琼

36. 传习录

37. 天泉证道　四句教

38. 青龙埔　此心光明，亦复何言。

你跟王阳明学会了什么?

1. 王阳明本名王云,他出生之前,祖母梦到神仙赐子,出生那天有五彩祥云出现于庭院上空。王阳明长到五岁还不开口说话,有一天,一个道人路过说:"真是个好孩子,可惜被说破了。"祖父王伦听了,恍然大悟,原来"王云"这个名字泄露了天机,遂为他改名为"守仁"。

2. 远远看去,金山只有拳头一般大,映在江面之上,打破了扬州从水底耸入青天。微醉之际,倚着妙高台欣赏月色,听着远处传来的玉箫之声,想必这时候白龙洞里的龙已经安眠了。

3. 人对事物的认知是有局限的,虽然大与小是相对的,但也有客观评判的标准。世界上一切事物的存在与发展都是有条件的。

4. "三不朽"是指立德、立功、立言。不朽,是指一个人所做的不会随着时间而消逝,会永远留存下来。立德是指道德境界高,立功是指建功立业,立言是著书立说。中国历史上做到"三不朽"的两个半人,一个是孔子,一个是王阳明,曾国藩只做到了半个不朽。

5. 立德:王阳明的一生,无论在什么境遇下,在他心中家国天下始终都是第一位的。立功:王阳明战功卓著,最著名的是"三征"。立言:王阳明创立心学,影响深远,在《王阳明全集》

中能看到他精彩的言论。所以说，王阳明做到了立德、立功、立言三不朽，是中国历史上一位难得的全能大儒。

6. 这句话的意思是，持守自己的志向，就好像心脏在疼痛。所有的心思都在关注这种疼痛，想放都放不下，怎么有时间说没用的话、做无用的事？表达的是一个人必须要有明确的目标，没有目标就没有动力，有了目标之后，就应坚定地为之努力，不要朝三暮四，保持初心、专注一事才会有成功的希望。

7. 王阳明出游居庸三关的时间为 1487 年，那时明朝北部边境经常受到北方各部的侵扰，而居庸关、紫荆关和倒马关是北部三个重要隘口，也是北京城通向北方边陲的咽喉之地。少年豪气的王阳明登上居庸关，眺望大好河山，顿生慨然壮志，希望能够为国出力，保边境安宁，护百姓平安。由此可见，王阳明在少年时代就已志存高远。

8. 诗句中用了"终军弃繻"的典故。西汉时有个名叫终军的人，才华出众。十八岁那年，终军从济南前往京城长安，过潼关时，关吏发给他一个繻帛，并说："这是出入关口的凭证，一定要保存好，回来的时候也好查验。"终军哈哈大笑，说道："我既然来了，必然要成就一番事业，怎么还能凭这个凭证出关呢？"说完，丢掉繻帛，扬长而去。后来，终军果然受到赏识，奉汉武帝的旨意，巡行郡国。经过潼关时，之前那位关吏认出了他。此时，终军奉旨出关，自然无需再查验繻帛凭证，也实现了当初的诺言。

9. 王阳明考取进士之路并不顺利，连续两次落榜，尤其是第二次，看榜时有些人由于没有中举而号啕大哭或垂头丧气，王阳明却不以为然。父亲王华和其他亲朋好友担心王阳明接受不了两次落榜的打击，安慰他："这次考不中，下次说不定就考中了。"王阳明却笑着说："别人以落榜为耻，我却以因落榜而懊恼为耻。"由此可见，王阳明十分豁达，并不为一时一事的得失而过分计较。而且，他认为读书不是单纯为了考试，更是为了求知、明理。何况，从少年时代开始，王阳明就曾对老师说，天下第一等事是成为圣贤，而不是科举高中。因此，两次会试落榜并没有给王阳明带来多大的负面影响，相反，他兴趣广泛，利用会试的业余时间，不仅研读兵书，关注国家大事，还游历名山大川，考察风土民情，扩展眼界，增长见识，同时，为了心中志向，拜访得道高僧和道教大师，追寻成圣之道。这些阅历都对他后来的成功产生了积极的影响。所以说，课堂不仅在教室里，也在走过的道路上；知识不仅在书籍里，也在生活的点滴中。

10. 王阳明将"心学"融入书法，形成了自己独有的风格，取得很高的成就。这段话讲的就是王阳明练习书法的心得体会。他开始学习书法时，先临摹古字帖，只习得形似。后来，书写时不轻易落笔，而是凝神静气地仔细观察、思考，在心里构思字形，时间久了，逐渐掌握了书写的方法。再后来，他看到明道先生（北宋理学家程颢）的书中说："我写字时认真敬肃，不是为了把字写得好看，而是专心于书写这件事。"那么，既然不是为了把字写好，又是为了什么呢？随着字越练越多，王阳明终于有所领悟，练习书法不是为了把字写得多么好，而是为了练心。所以他感慨，古人随时随事都在心上学，只要心思澄净、怀有敬畏，写出的字自然好看。不仅书法如此，凡事皆是如此。

11. 王阳明问道娄谅，是心学史上的大事，也是"阳明心学"的发端。王阳明至少学到了以下两点：一是学到了如何立志。娄谅认为，做学问的目的并不是取得功名，而是做圣贤。这与王阳明的想法一致，因此更加坚定了他从小就立下的志向。二是学到了如何才能成为一位圣人。娄谅认为，通过学习可以达到圣人的境界。

娄谅提倡的身体力行，在日常生活中自我觉察、自我修正的思想，给王阳明很大的启发。他将娄谅的学问与自己的思考相结合，并苦读朱熹理学，通过客观实践和积极探索，将"格物致知"推进为"知行合一"的哲学理论，创造出集心学之大成的"阳明心学"。如果没有和娄谅的这次会面，王阳明不会这么坚定地学习圣贤之学，也不会开创明代儒学的新篇章。在谈到娄谅对王阳明的影响时，黄宗羲说过："王阳明后来所发明的心学，开端于娄谅这里。"有人认为娄谅是王阳明心学的启蒙老师，一点儿也不为过。

12. 六部：吏部、户部、礼部、兵部、刑部、工部

九卿：太常寺卿、光禄寺卿、卫尉寺卿、太仆寺卿、大理寺卿、宗正寺卿、鸿胪寺卿、司农寺卿、太府寺卿

五监：国子监、少府监、将作监、军器监、都水监

13. 明代的南北直隶不是行政区，而是一种统称。南直隶是南京及附近十四府和四直隶州的统称；北直隶则是京师及附近八府和二直隶州的统称。直隶的府和州，与地方的十三布政使司

（人们习惯上也称之为省，即两京十三省）一样，都是府级，都直属中央六部管辖。

14.王阳明认为从佛老（佛家和道家的概称）学说的主旨来看，它们并不存在弊害，只是人们在后来的学习和传承中，由于一些人为的错误，导致佛教与道教产生了弊端。佛老的确有些缺点，但只要切实了解圣人之道，自然就能够消除佛老思想中消极的一面。王阳明的观点比前人更公允、更全面，他在晚年时提出了以儒学为本、儒释道三教合一的理论，此即萌芽。

15.这首诗的意思是：阳伯你现在的心思就是魏伯阳（东汉炼丹养生家）昔日的心思，可是魏伯阳如今在哪里呢？天下至理大道就是人心，千百年来都不曾改变。长生不老在于觉醒的仁心，金丹不是外在可以追求的。我错了三十年，今天才开始悔改。

这是王阳明写给诸阳伯的赠别诗。诸阳伯立志修炼成仙，而王阳明立志成为圣贤。王阳明反思自己过去三十年，什么都学，也小有所成，但那不是他真正的人生理想。他真正的人生理想始终没有改变，那就是成为圣贤。这首诗表达了王阳明回归圣学的决心。

16.1505年，明武宗朱厚照登基为帝，耽于玩乐，不务正业，还十分宠信自幼服侍他的宦官刘瑾等八人，他们把持朝政，为非作歹，人称"八虎"。顾命大臣刘健和谢迁上书劝谏皇帝远离宦官，严惩"八虎"。结果，皇帝不但没听劝，还为刘瑾等人升职赋权。而那些忠言直谏的大臣或被罢官，或被廷杖。

1506 年 10 月，戴铣、牧相、薄彦徽等一些官员，上书请求严惩刘瑾。刘瑾得知消息后，将戴铣等人缉拿入狱。这时候，王阳明挺身而出，上书《乞宥言官去权奸以彰圣德疏》。刘瑾看到这份奏疏后，向皇帝进谗言，将王阳明打入大牢。这年末，王阳明受廷杖四十，被贬谪贵州修文县龙场做驿丞。

　　17. 王阳明悟到了"圣人之道"。从少年时代，王阳明就立志成为圣贤，直到在龙场才悟了"圣人之道"。王阳明悟到的"圣人之道"大致包括以下三点：一是大悟圣人之道，不在于外部的客观条件，而在于自心、自主、自觉；二是大悟圣人之道，应克己去私，使此心光明澄净；三是大悟圣人之道，要"知行合一"。总之，王阳明在"龙场悟道"后，坚定地认为，天下没有心外之事、心外之物，一切外物都是心灵感应的结果，没有一个心灵之外的世界需要我们去认知。想要成为一代圣贤，不能只读书求知，也不能只格物寻理，而应该正心、练心。

　　18. 王阳明所立军功，主要是"三征"。第一征是 1516～1518 年，以赣南为中心，跨江西、福建、广东、湖广（明清时期指湖南、湖北）四省，征讨贼寇。第二征是 1519 年王阳明在江西迅速平定了宁王朱宸濠的叛乱。第三征是 1527 年王阳明奉旨征讨广西思恩、田州以及断藤峡、八寨的叛贼。

　　19. 第一次是龙场悟道——心即理。第二次是南昌征战——致良知。第三次是天泉证道——四句教。三次证道后，心学体系已臻完善。

20. 示例:《少年读王阳明》是一部讲述王阳明传奇人生与心学智慧的全新力作。王阳明的经历与学说深度影响了万千青年。不管你处于人生的哪个阶段,都能从中找到自己的影子。如果你正茫然不知去向何方,如果你正跌落人生低谷,如果你正焦虑不安难成眠,或者你恰是鲜衣怒马少年时,都来读王阳明吧!找到你内心的那束光,此心光明,世界即光明。

少年立志，经略四方。
绝境成圣，知行合一。

赠阅